〝闇〟って、どんなところだと思いますか？

YO GAS

暗いところ。

怖いところ。

希望がないところ。

そんなところを思い浮かべる人が、

多いかもしれません。

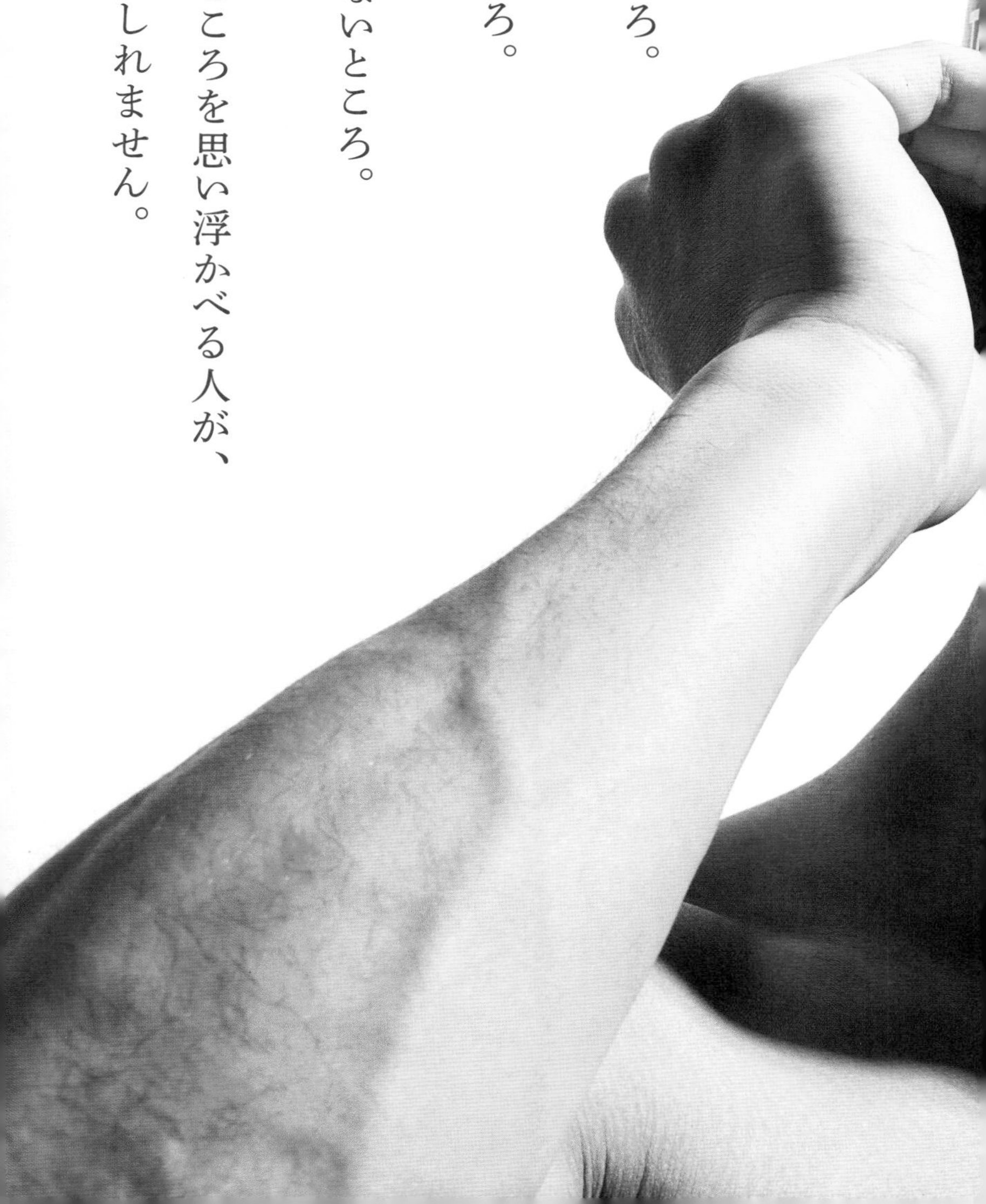

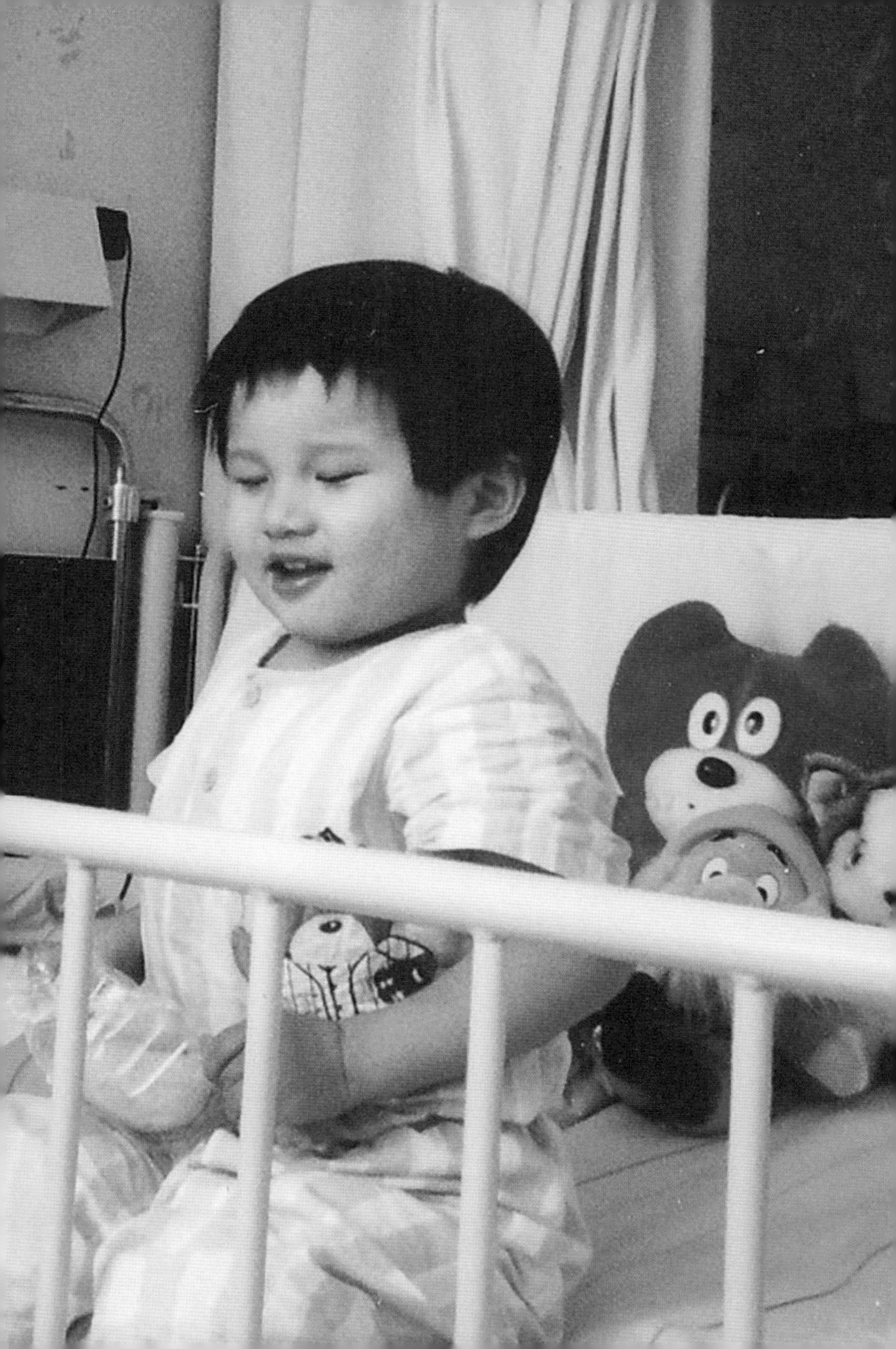

2歳で全盲になった僕の人生は、
ずっと闇の中。

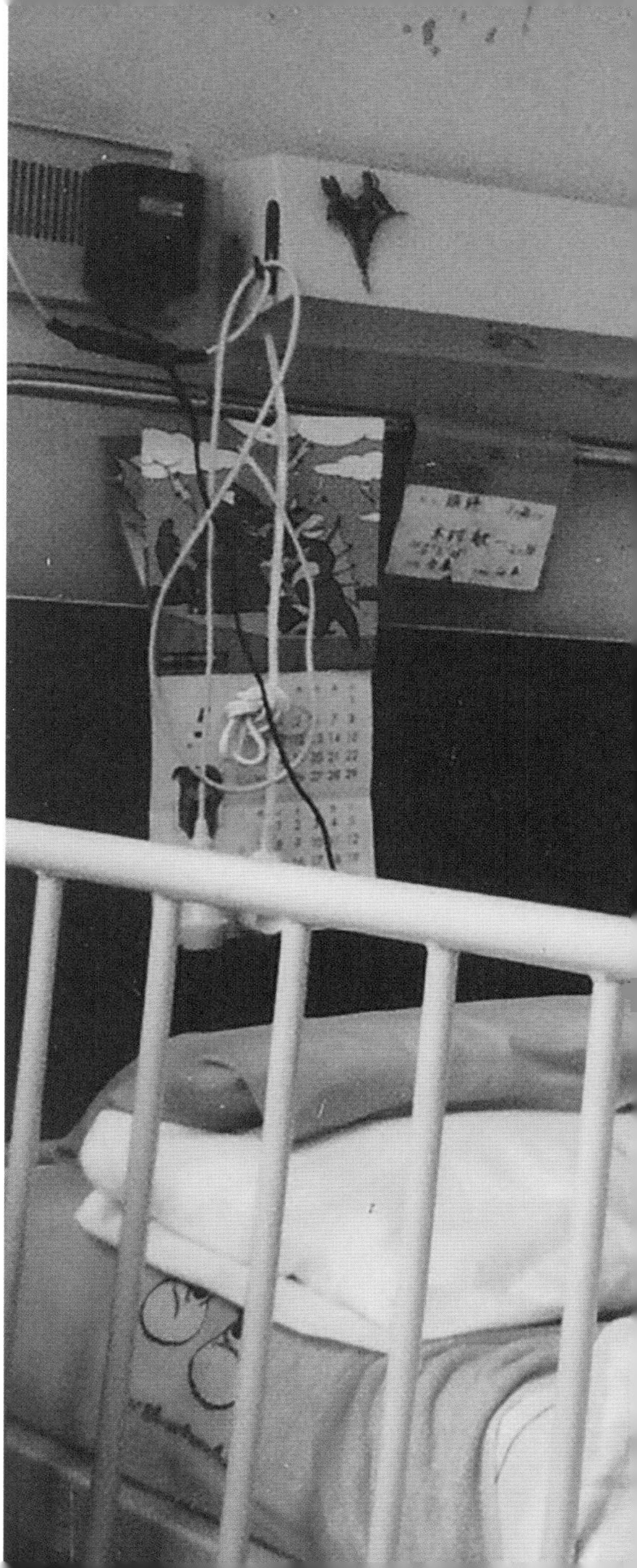

でも、その闇の中は、
ちっとも暗くないし、怖くなんかない。
どこまでも続く、
希望に満ちた世界なんです。

小学5年生の夏。

イアン・ソープに憧れた僕は、
ろくに泳げないくせに、
彼のようなヒーローになると、
心に誓いました。

speedo

JAPAN

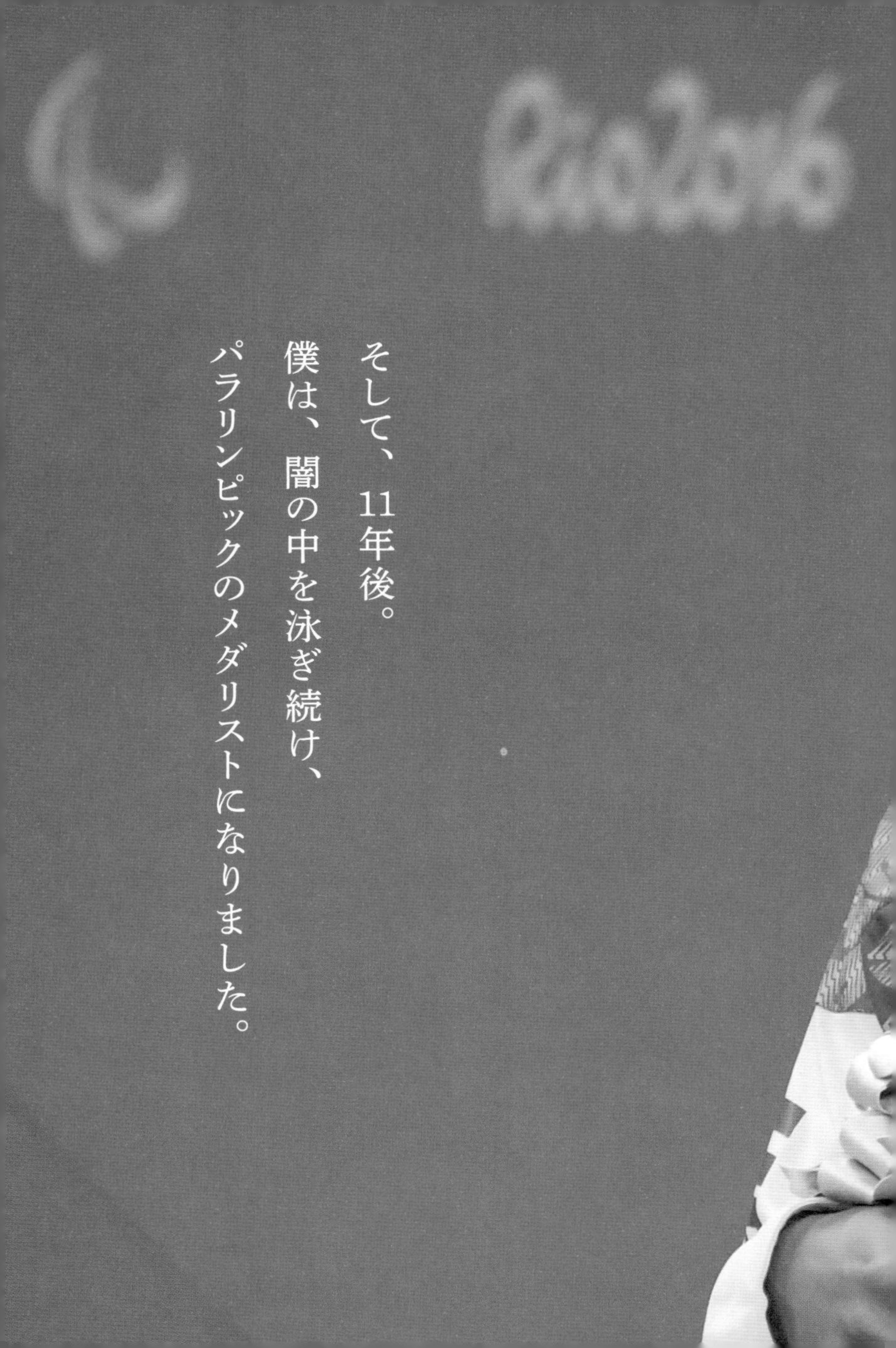

そして、11年後。
僕は、闇の中を泳ぎ続け、
パラリンピックのメダリストになりました。

speedo

3度のパラリンピックで、
6個のメダルを手にした僕は、
真のヒーローになるために、
今も、闇の中を泳ぎ続けています。

これは、
全盲の僕が泳いできた、
日々の記憶。

どこまでも続く、
すばらしい、
闇の中の物語です。

闇を泳ぐ

全盲スイマー、自分を超えて世界に挑む。

木村敬一

もくじ

第5章 アメリカへ

第1章

幼少期・小学生時代

「見えない自分」と向き合った日々

最初の記憶

まだ少し冷たく、乾いた春の風が吹き抜けていく。
僕は、池のほとりに立っていた。
隣には、母がいる。
池には、アヒルの親子。
母は、つないでいた手を離すと、パンをちぎってアヒルに与え始めた。
「アヒル、かわいいね。敬一」
そう言って、僕に笑いかける母。
目の前に広がる池。
泳ぐアヒルの親子。
僕はたしかに、そこにいた。
池の周りに生い茂った草の感触も、温かい母の手も、覚えている。
けれども、どれもぼんやりとかすんでいて、輪郭がない。
光も、色もない。

＊＊＊

１９９０年9月11日。予定日から5日遅れで、僕は木村家の第二子、長男として誕生した。

母は、僕が生まれるまで、父や祖父母には性別を内緒にしていたらしい。

出産日の朝、母はいつも通り家で洗濯物を干してから病院に向かい、それからわずか2時間後に、僕は産声をあげた。３１７６グラムで生まれた僕の顔は、父と瓜二つだったそうだ。

元気でよく笑う、ごく普通の子。

そんな僕に、小さな異変が現れ始めたのは、１歳を過ぎた頃だった。

カメラ目線で写真を撮ったはずなのに、いつも僕だけ焦点が合っていない。

「斜視かしら」と母はさほど気に留めなかったが、食卓の縁につかまってつたい歩きをするようになると、角にぶつかって転ぶことが目立った。３つ上の姉の時と比べても、よく転ぶ。

一度、近くの眼科で診てもらうことになった。

母は自ら車を運転し、姉と僕を連れて滋賀県内の眼科へ向かった。「念のため」と軽い気持ちだった母は、そこで医師から、思いもよらない言葉を告げられることになる。

「この子はいずれ、ほぼ確実に視力を失います」

この時まだ1歳の僕の目は、「まるで高齢の糖尿病患者のようだ」と言われた。

「このような目の症状を初めて見た」「滋賀県内では手の施しようがない」と、想定外の言葉を矢継ぎ早に浴びせられ、母はショックのあまり、その場で失神してしまった。

眼科でしばらく休ませてもらった後、帰りも自ら車を運転して帰った母だが、医師から「視力を失う」と言われた後のことは、まったく覚えていないらしい。

増殖性硝子体網膜症。

のちの検査で判明したこの病気を手術できる医師は、当時ほとんどいなかった。

神戸か福岡の病院に行くように言われた両親は、より多くの症例を扱っている先生に診てもらおうと、滋賀から約700キロ離れた福岡大学病院を選んだ。すぐにでも連れて行くつもりだったが、入院は順番待ちで、検査のために福岡に通いながら、空きが出るのを待った。

通院時は母と2人、福岡へ日帰りで通った。1歳の子供を連れ、片道4時間以上の道のりを行くのはさぞ大変だったろうなと思うけれど、僕は全然ぐずったりせず、手のかからない子だったらしい。

「1日でも、目がよく見えている状態を延ばしてあげたいと思っていたから、まったく苦にはならなかった」

母はこう当時のことを明るく話してくれるけれど、子供がいない僕でも、その頃の母がどんな気持ちだったか、察するに余りある。

母は、診察時に開瞼器《かいけんき》で無理やり目を見開かされ、痛くて泣き叫ぶ僕が押さえつけられる姿を見るのが、一番辛かったという。

最初の手術を受けたのは、病気がわかってから10ヶ月後。2歳4ヶ月の時だった。網膜剥離を起こしていたため、眼球の中の硝子体を抜いて、抜いたところにガスを入れて眼球を膨らませるという、全身麻酔を伴う手術をおこなった。麻酔自体もそうだが、2歳の子供にはかなり負担が大きな手術だ。ダメージを受けた僕の両目は、手術を経てよくなるどころか、さらに視力が低くなってしまった。

僕は言葉を話すようになるのが少し遅く、その頃、自分の視界について話すことができなかったため、実際にどの程度見えていたのか、今となってはもうわからない。よくなることを期待して手術を受けるべきか。負担のせいで逆に悪くなることを避けてあきらめるか……。父も母も相当迷い、苦しんだらしい。

それでも僕の将来になんとか光を与えたい、と願って決断をしてくれた。

その結果、3度の入院で計7回の手術にチャレンジしたけれど、残念ながらその期待に応えることなく、手術を重ねるごとに、僕の目は光を失っていった。

長期にわたる入院生活の間、母と僕は福岡の病院、父は滋賀の実家で生活し、姉は同じ滋賀県内の母方の祖父母に預けられていた。

父は金曜日に仕事を終えた後、姉を連れて夜10時に京都駅を出る寝台特急に乗り、病院に見舞いに来てくれた。ただ、それも毎週末というわけにはいかず、当時は携帯電話がなかったため、日々の連絡手段は限られていた。病院から電話をかけるとなると、公衆電話しかない。そこで母は、毎日僕の様子や先生に言われたことをびっしりと紙に書き、病院から滋賀の自宅までＦＡＸで送っていたそうだ。父は仕事から帰ると、毎日そのＦＡＸを読んで僕の状態を把握していた。

僕は命に関わる病気というわけではなく、患っていたのは目だけ。体は元気だったから、先生の許可をとって、母はよく病院の外に連れ出してくれた。

当時の記憶はほとんどないのだけれど、唯一、病院の敷地内にある大きな池のほとりで遊んだことは覚えている。池にはアヒルがいて、そのアヒルに、母がエサをあげている。それが、僕のなかで一番古い記憶だ。

まだ目が見えていた可能性もあるのだけれど、池にいて、アヒルがいて、母がいる、という事実を記憶しているだけで、その姿形はわからない。

僕は生まれつきの全盲ではないけれど、見えていた記憶は、一切ない。

だから、母がどんな顔をしているのかも、池や、アヒルがどんな色をしているのかも、わからない。


「敬一君のことは、盲児として育ててあげてください」

7度目の手術の後、母は主治医からこう告げられた。その後できる処置がまったくなかったわけではないが、「これ以上、敬一に痛い思いをさせるのはやめよう」と母は決心したそうだ。

「盲児」という言葉で、母はあらためて現実を突きつけられた。

最初の診断で、僕の目がいずれ見えなくなることは明らかだったけれど、すぐ見えなくなるのか、10年後に見えなくなるのかはわからなかった。だからこそ、少しでも見える時間を長くするために、両親は僕に手術を受けさせた。

しかし、その願いは虚しく、結果僕は、早くして完全に光を失った。


もし、手術をせずにそのまま過ごしていたら……。

もし、手術をするのは片目だけにしていたら……。

そうしたら、敬一は視力が低いながらも、見える状態のまま小学生になっていたかもしれない。

今でも父と母は、そう考えてしまうことがあるという。


30年間、ずっと思ってもらえているなんて、僕の目玉はしあわせ者だ。

だから、父と母には感謝しかない。


そんななか、唯一救いだったのは、手術の前後で僕の性格がまったく変わらなかったことだったという。完全に見えなくなったことで落ち込んだり、笑わなくなったりすることはなかった。

見えなくても、それまでと変わらない、元気な子。それだけで、十分だった。

「見えない自分」に気づいた日

僕は、なぜ自分は見えないのだろうと疑問に感じたことがないし、見えないことが怖いと思ったこともない。見えていた記憶がないから、僕にとっては見えない世界が当たり前なのだ。

幼い頃は、わからないことがあれば何でもすぐ母に聞いていて、そんな僕の質問に正確に答えるため、母はいつも国語辞典を手放せなかった。そして、僕がイメージしやすいように、触れるものは何でも触らせてくれた。

僕が「雲ってどんな形をしているの?」と尋ねた時には、「雲はいろんな形に変わるから、ひとつの言葉では言い切れないけど、今はもくもくしていて綿みたいだよ」と言って、手芸用の綿を持ってきてくれたりした。

3つ上の姉や、姉の友達にもよく遊んでもらった。

滋賀の実家は隣に神社があって、神社の奥は森のようになっており、小さな川が流れていた。僕たちはよくその森で遊んでいて、探検したり、どんぐりを拾ったりした。

外で遊ぶ時、姉はいつも僕の手を引いて歩いてくれて、僕の中でそれは「目が見えないからしてもらっている」ことではなく、「お姉ちゃんというのは手を引いて歩いてくれるものなのだ」と思っていた。だから、特に自分が特別だとは感じなかった。

たぶん姉のほうも、「弟というのは常に手を引いてあげなければ、歩けないものなのだ」と思っていた気がする。

ただ、いつものように森で遊んでいたある日、姉や姉の友達が小さな川を次々に飛び越える中、僕はそれまでのように、姉たちに続くことができなかった。

「ほら、敬一も飛んでごらん」

前方から姉の声が聞こえた。

「なんで飛ばないんだろう」「早く飛べばいいのに」。姉の友達からそんな声が聞こえてくるようで、僕は焦った。みんなと同じように僕も飛ぶぞ！

そう思うのに体が動かない。

ポンと飛んだら、どこに行くんだろう。

この川ってどのくらい飛べば、向こうまで行けるんだろう。

どうしてみんな、先がわからないのに飛べたんだ？

どうしても飛べないと思った時、自分は、姉や姉の友達とは違うのかもしれないと初めて気がついた。

年齢や性別のせいではなく、姉には簡単にできて、僕にはできないことがある。

根本的に、姉と僕は違うらしい。

その時の衝撃にも似た発見は、今も記憶に強く残っている。

結局僕はその後、勇気を振り絞って飛んでみたのだけれど、距離感がまったくわからないまま飛んだために、飛び越えられず川へ落ちた。

姉は、不思議そうにしていた。

家に帰ると、びしょ濡れになった僕を見て驚いた母が、事情を聞いてきた。「飛べんかった」と僕が話すと、母が姉を叱った。

「どうして、川がどのくらいの幅か、敬一に教えなかったん？　どのくらいかわかっていたら、敬一は落ちずにちゃんと飛べたはずやで」

姉は、僕の目が見えていないということを、もちろん理解していた。しかし、「見えない人にとってはどうなるか」を常に考えて行動するというのは、大人でもなかなかできることではない。それを、当時まだ7歳の姉に求めるのは、なかなか酷な話だと思う。

でも、それほど母は、どうすれば僕にもできるかということを、いつも一番に考えてくれていたし、家族にもそうであってほしいと思ってくれていた。


5歳になる頃、僕は車で片道1時間ほどの場所にある、滋賀県立盲学校の幼稚部に入園した。盲学校の幼稚部では、先生がマンツーマンで指導してくれる。

最初は、幼稚部の敷地内をひとりで歩けるようになるための訓練をひたすら繰り返した。まずは、教室から職員室まで。まっすぐ行けば2分ほどで着く道のりも、一度曲がるところを間違えると果てしなく遠くなり、20分以上さまようこともあった。

しびれを切らした先生が救出してくれる時もあるが、たどり着くまで何度もやり直すのは、なかなか過酷だった。母や姉に手を引かれることなく、ひとりで歩く経験はその時が初めて。先生が手を引いてくれたら、それで済むのになぁ、どうしてこんな面倒なことをさせるんだろうと、当の僕はのんきに思っていた。

室内を歩く時、壁に手を当てながら進むのだけれど、先生には「手のひらではなくて、手の甲を擦らせて歩きなさい」と言われていた。

視覚障害者は、指先から得る情報がとても多い。

指先が目の役割を担うケースが多いからだ。

だから普通の人が目を守るように、僕らは指先を守る。

指先が傷つくと点字も読めなくなってしまうため、まだ点字を読めないうちから、手の甲を擦らせて歩くことを繰り返し指導された。

盲学校の幼稚部には、僕のように全盲の子供もいれば、弱視といって、人の顔を認識できる程度に見えている子もいた。

僕の１つ上には女の子が２人いて、そのうちの１人は、僕からすると、ものすごく見えている子だった。

見えている子というのは、そもそも歩くスピードがすごく速い。視力が残っているから当たり前なのだけれど、盲学校のなかでは圧倒的に機敏に動ける存在で、他の子に比べて抜きん出ているように感じた。それだけで、僕はちょっと、その女の子に憧れた。

僕には色の概念がないのだけれど、一時期、とにかく色のことを周りの人に聞きまくっていたことがある。

「これは何色？」「あれは何色？」。教えてもらっても、全然わからないのだけれども。

イメージしても、答えあわせをしようがないし、そもそも色をイメージすること自体が難しい。

それでも、図工の時間に画用紙を選ぶ時には、何色があるかを聞いて教えてもらった。色がわからないからといって、なんでもいいわけではないのだ。


トマトと同じ、赤色。

ひまわりと同じ、黄色。

海と同じ、青色。


その事実は理解している。色のイメージはなくても、意図して自分で選ぶことが、僕にとっては重要だった。

寄宿舎生活スタート

盲学校の幼稚部を卒園し、そのまま小学部に進んだ僕は、入学と同時に寄宿舎生活を送ることになった。家から学校まで、車でも電車でも1時間という距離は通えないほどではなかったけれど、ほとんどの子が寄宿舎で生活していて、通っている子は稀だった。

当時は土曜日も授業があって、土曜日の昼頃に迎えに来てくれた母と実家に帰って、月曜日の朝にまた送り届けてもらうという生活サイクルだ。

まだ幼稚部にいた時、一度寄宿舎への体験宿泊というのがあって、僕は父と一緒に参加した。その時には、僕の３つ上で全盲の土川秀明君が一緒に遊んでくれて、僕はこれからこんな感じでここで生活していくんだなと、いいイメージが持てたことを覚えている。

父や土川君が一緒にいてくれたから、ひとりぼっちにはならなかったし、先生たちが手厚くサポートしてくれた。

小学生になってからも、先生たちは決して僕に不自由な思いをさせることはなくて、洗濯をしてくれて、学校から帰るとお菓子を出してくれて、一緒に遊んでくれて、すごく快適だった。寂しさは、ちっとも感じなかった。

一方、母からすると、まだ6歳の息子に寄宿舎生活を送らせることは、断腸の思いだったらしい。

まだ小さい我が子を、どうして自分の手元から離さなければならないのか。

寄宿舎生活を始める日、月曜日の朝に僕を学校に送り届け、ひとり車を運転して帰る道すがらずっと、後ろ髪を引かれる思いだったという。

母はその後も毎週、そんな気持ちを味わった。

寄宿舎生活を送るなかで、宿直の先生が誰かというのは、超重要事項である。先生によって遊びが全然違うから、僕は毎日宿直の先生を確認して、一喜一憂していた。

多かったのは年配の女性の先生で、みんな優しくて好きだったけれど、一番楽しかったのは、まだ20代半ばくらいだった、若い男性の平井先生。後になってわかったことだけれど、平井先生は教員採用試験に落ちてしまった浪人生で、アルバイトとして宿直の先生をやっていたらしい。1年後には無事合格して、滋賀県内の公立高校の先生になるため寄宿舎を去ってしまった。

今同じことを生徒にしたら怒られそうだけれども、平井先生は大浴場で僕や土川君を浴槽に放り投げてくれたりして、スリリングで楽しい遊びをたくさんしてくれた。

お風呂の時間は、日々の楽しみのひとつだった。

寄宿舎の大浴場には、大小2つの浴槽があって、小さいほうは4人入ったらもういっぱい、大きいほうはその倍くらいあるような広さだった。普段、小さい浴槽にはお湯が張られていなかったけれど、僕は勝手にお湯を入れて、いつも大小両方の浴槽で、土川君や先生たちとバシャバシャ水をかけあって遊んだ。

ある時、一緒にお風呂に入った平井先生がたまたま防水の腕時計をしていて、「何秒潜れるか、測ってあげるよ」と言われた。

人生初の潜水だった。

その時の僕の潜水時間は、4秒。

他の子は潜っていなかったけれど、4秒という時間はなんだかすごく短いような気がして、どうしてなのか無性にくやしくて、そのあと僕は何度もチャレンジした。それでも毎回４秒しか潜れず、ちょっと泣きそうだった記憶がある。

お風呂の時間はせいぜい30分くらいだったと思うけれど、毎晩刺激的な時間だった。

根っからの負けず嫌い

盲学校の小学部は、学年関係なく、１年生から６年生までの縦割りで３クラスに分かれていた。１組は、視覚障害とともに重度の知的障害がある子。２組は、視覚障害と、軽度の知的障害がある子。３組は、視覚障害だけの子。

朝の会や帰りの会は組ごとに行い、授業はその組の中でさらに学年ごとに分かれて行われた。僕の同級生は２人いたけれど、２人とも１組だったから、３組の僕とは学級活動も授業も別で、関わる機会はほとんどなかった。

小学生の頃、１つ上の森野ゆかりちゃんとよく一緒に過ごした。ゆかりちゃんは全盲ではなくて、色と光くらいは見えていたはずだ。

休み時間にはいつも一緒に遊び、科目によっては授業も一緒。生活科の授業では、自分たちで作った漬物を先生たちに買ってもらうというお店やさんごっこがあって、僕は絶対にゆかりちゃんに負けるものかと、必死に売りまくった思い出がある。職員室や事務室、保健室にも乗り込んで、

「漬物はいりませんか？」と手当たり次第に売った。そのなかには、校長先生もいた。僕は、そこが校長室とはわからないまま校長先生にも漬物を買わせて、校内でちょっとした話題になった。

「校長先生にまで売るなんて、勇気あるね～」

先生や友達にほめられて、僕は鼻高々だった。

当時はほとんどの物事が先生との一対一で進んでいたということもあって、僕にも、そして恐らくゆかりちゃんにも、手を抜く、サボるという概念がなかった。

子供自体が少ないから、自分がやらないと、物事は何も進まない。「自分がやらなくても、誰かがやってくれるだろう」という気持ちが芽生えたのは、中学生になってからだった。

小学3年生になると、僕の頭の中は野球のことでいっぱいになった。

僕たちは〝野球〟とよんでいたけれど、実際は1チーム5人くらいで、体育館で鈴の入った軽いバレーボールとプラスチック製バットを使って行う三角ベースだ。先生チームと小学生チームに分かれて、ほとんど毎日対戦した。対戦といっても、先生たちは球を投げる時に「ハイッ！」と声をかけてくれるから、僕たちはその声に合わせて思い切りバットを振るだけ。

僕のポジションはだいたいピッチャーで、軽いボールとはいえ、そう広くない体育館で近距離から投げ込むボールはなかなか迫力があると言ってもらえた。

この遊びは高学年になっても飽きることなく続き、その頃にはプラスチック製バットでは物足りず、金属製のバットを振り回していた。

年々パワーも磨かれ、５年生になる頃には、超特大ホームランを打てるようになった。ホームランにならなくても、出塁したらすかさず盗塁を試みる。とにかく尋常じゃない運動量で、この〝野球〟によって、僕の体力や運動神経がかなり磨かれたと思う。

もともと父が巨人ファンで、家ではプロ野球中継がよく流れていたけれど、実況を聞いても、試合がどうなっているのかをあまりイメージできなかった。

それが、自分が〝野球〟をやるようになったことで、ルールを理解して、プロ野球の面白さにも気がついた。そこからは、毎週土日にラジオでプロ野球中継を聞きまくり、父が大阪ドームや甲子園球場に連れて行ってくれることもあった。

でも、自分たちの〝野球〟とプロ野球が全然違うことはちゃんと理解していて、自分がプロ野球選手にはなれないということもわかっていた。

「イアン・ソープになりたい！」

僕が水泳を始めたのは少し遅くて、スイミングスクールに通い始めた時、すでに小学４年生になっていた。

その発端は、盲学校のマラソン大会だった。

僕も伴走者の先生に一緒に走ってもらって出場したのだけれど、その先生は年配で、体育教師でもなかった。比較的足が速かった僕と一緒に走り終えた先生は、「もう、敬一君と一緒に走るのは無理だ」と、応援に来ていた母に向かって、息も絶え絶えに話したらしい。

そこで母は、もしかしたら僕が運動不足になってしまうのではないかと思い、安全かつ運動量のあるスポーツをやらせたいと考えた。そして、その時、思いついたのが水泳だった。

水泳であれば、プールの中にいる間は安全で、どこかに行ってしまう心配はないし、転ぶということもない。

ただひとつ、プールの塩素によって、さらに息子の目に悪影響があるのではということだけが、不安だったらしい。当時、その話を母が僕にしたところ、僕はあっけらかんと笑いながら、「僕の目は、もうこれ以上悪くならへんて」と母に言ったそうだ。

それで母の腹は決まった。先生たちに近くのスイミングスクールを教えてもらうと、マラソン大会終了後、その足でスイミングスクールへ向かった。

突然の訪問だったが、なんとか話を聞いてもらうことができ、「視覚障害のある子を受け入れたことがないので検討します」と言われてその日は終了した。

僕は、とてもわくわくしていた。

しかしその後、待てど暮らせど、スイミングスクールから連絡がない。

僕は、一度行ったら翌週からもう通い始めるものだと思っていて、いったいいつになったら母はスイミングスクールに連れて行ってくれるのだろうと不満だった。当時、すでに学校の体育の授業でクロールが泳げたものの、まだ息継ぎができず、早く息継ぎができるようになりたいと、すっかり水泳を習う気満々になっていた。

そして、スイミングスクール側から僕の受け入れを断られる可能性というのをまったく想定していなかった。

数週間後、ついにしびれを切らした僕は「スイミングの話、どうなった？」と母に聞いた。今思えば、これだけ放置されているということは、入会を断られるのだろうなとだいたい予想はつくだろう。空気を読むタイプの人ならば、この時点でもうあきらめたかもしれない。

けれども、母は違った。あえて空気を読まずに、スイミングスクールに電話してくれた。それが功を奏したのかどうか知らないけれど、「まずは体験入会からでもよければ……」という条件つきで、無事に迎え入れてもらえることが決まった。

もともと、水は全然怖くない。

小学1年生の時、プールに入る前に桶のようなものに水を張り、そこに顔をつけてみるという練習があった。そもそも恐怖心から一切水に顔をつけられない子も多く、つけられても鼻先だけ、口元だけなど部分的な子が多かった。そんななか、僕は躊躇なく顔全体を桶に沈め、そのまま30秒間つけていられた。

僕は、寄宿舎のお風呂場で先生と潜って遊んでいたこともあって、難しいことだとは思わなかったけれど「いきなり顔全部つけた！　すごい！」という先生たちの声が聞こえて、鼻高々だった。

ところが、スイミングスクールでは僕は一番下のクラスに入れられた。

僕以外は全員健常者なのだし、小学校に上がるタイミングで水泳を習い始める子が多いから、僕と同じくらいの歳の子はすでにかなり泳げる状態だった。

僕はというと、学校の体育の時間にクロールを教えてもらい、息継ぎをせずに7メートルほど泳ぐのがやっと。それでほめてくれるコーチはどこにもいなかった。

出鼻をくじかれた僕にさらなる試練が襲う。

早く息継ぎを教えてもらいたくてウズウズしているのに、プールに入るまでに30分も体操をしなくてはいけなかった。そして、やっと水の中に入れたと思ったら、ジャンプして潜っての繰り返し。ちっとも泳ぎの練習に入らない。僕の不満げな様子が伝わったのか、スイミングスクールのコーチには「これは息継ぎのために必要な練習だからね」と釘を刺された。

あちらも全盲の子供に教えるのは初めてで、だから怪我をしないよう特に気を配ってくれたのだろうし、一歩ずつ確実に覚えてもらおうとしてくれていたのかもしれない。でも、盲学校でのびのびと過ごしていた僕には、せっかくのプールなのに、なんだか窮屈に感じてしまった。

僕には、マンツーマンで教えてくれるコーチが1人ついてくれていたけれど、最初の半年はすごく苦労したと思う。泳ぎ方を教える時、他の子供は、みんな見本を見せればそれを真似してやってくれるけれど、その方法は僕には通用しない。コーチは僕の手や足を持って「こう動かすんだよ」とひとつずつ動作を教えてくれた。

初めて記録会に出たのは、スイミングスクールに入ってから1年以上経った、小学5年生の秋。記録会であっても、僕のそばにはコーチがついてくれて、笛を吹いて泳ぐ方向を導いてくれた。その時、母が見に来てくれていたけれど、「記録会やのに、あの子だけなんでコーチがついてはるのかしら。練習じゃないのにね」とヒソヒソ話をする他の保護者の言葉に、ひどくショックを受けたらしかった。

目が見えないということを知らないのだから、そう思われてもしょうがないのだという気持ちがありつつ、「うちの子は見えなくても一生懸命泳いでいるのに……」という思いがあふれた。

それでも、ヒソヒソ話をする保護者に向かって、母は何も反論することはできなかった。

初めての記録会から遡ること数ヶ月前。僕は、福岡で開催された世界水泳に夢中になっていた。

２００１年、競泳界のスーパースター、イアン・ソープの全盛期だ。

この大会で7種目制覇を目指したイアン・ソープは、最終的に6種目で優勝。僕は毎日テレビにかじりついて、アナウンサーの解説に耳を澄ませた。僕にとってはアナウンサーが教えてくれる情報や実況中継がすべてで、大会最注目選手だったイアン・ソープについて知れば知るほど、ますます彼に憧れた。衝撃的なまでの、圧倒的な強さだった。

「僕はイアン・ソープになりたい。イアン・ソープより、速く泳ぐんだ！」

大会終盤には、本気でそんなことを考えるようになった。

自分が、決してイアン・ソープと同じ舞台には立てないことには気づきもせずに。

そもそも、僕はこの頃ようやくクロールで25メートルを泳げるようになったばかりで、背泳ぎも、平泳ぎも、バタフライも泳げなかった。それでも、「イアン・ソープになる」という思いが自分の中で強く沸き立ち、金メダルだけ6個も持ち帰ったイアン・ソープはスーパーヒーローだった。

その後、スイミングスクールで「イアン・ソープは息継ぎの時に口を半分しか出さないんだよ」とコーチに教えてもらうと、すぐさま実践した。

それ以前に僕が描いていた夢といえば、点字図書館で働くことだった。ただそれは、本気でそうなりたいと思っていたわけではなく、当時の視覚障害者の規定ルートだった鍼灸師やマッサージ師になるのだけは絶対に嫌だという思いからだった。

鍼灸師やマッサージ師にはなりたくないけれど、それ以外にどんな職業があるのかは知らない。父に「マッサージ屋さんになるのか?」と聞かれた時には「ならない」と即答したものの、「ほな、どうするねん」と言われて困った僕は、鍼灸師やマッサージ師以外で知っていた点字図書館という単語を出してみたにすぎなかった。

点字図書館員からイアン・ソープへと、一瞬にして夢は変わってしまったのだった。

憂鬱だった地元の小学校

盲学校では、１学期に一度、実家の近くにある地元の小学校と、盲学校の近くにある小学校に行って交流するという行事があった。３回ずつで２校あわせて年に６回、６年間で36回。

これが、僕にとってはかなり憂鬱な行事だった。その行事の目的は、健常者の児童のなかに僕が混ざって、困った時には他の児童が手助けをしているかどうか見るようなものだから、盲学校の先生は一緒についいて来てくれるものの、一切何も手出しはできない。

僕はいつも〝お客さん〟の状態で地元の小学校へ行き、すごく居心地が悪かった。

移動するにも、いろいろ勝手がわからないし、地元の小学校の先生の授業は説明が全然足りなくて、授業中も何をすればいいのか全然わからなかった。

盲学校の先生は、僕らが見えないぶん、かなり詳しく説明してくれるし、そもそもほぼマンツーマンで、先生を独り占めできる。それに比べて地元の小学校は30人の児童に先生が一人だから、一対一と伝わり方が違うのは当然だ。必然的に、何もわかっていない僕は周りの児童に導かれるがまま、次はこうするんだよ、次の授業はここだよという手助けをただただ受けるしかない。

反対に、地元の小学校の児童が盲学校に来る行事もあったけれど、僕らが受けている授業を一緒に受けるような体験の側面はなくて、まったく別の行事だった。

僕の考えとしては、障害を理解することが目的だとしたら、こういう試みはたった１日だけでは足りない。お互いの違いを認識する前に終わってしまうと思う。

僕は〝お客さん〟で終わってしまうし、特に収穫があるわけでもない。

ずっとそんなふうに思ってきたが、ここ最近は、あれはあれで意味があったのかなと感じることがたまにある。

当時、小学校で交流した子で現在、教員になったという子から連絡が来て、「あの時、木村君が言っていたことを覚えていて、それは今の人生にも活きていると思う。だから、講演に来てほしい」と言われたりするからだ。それも一人や二人ではない。

僕としては、申し訳ないけれども彼らの名前さえ記憶にはない。それでも、彼らにとってはあの体験授業がそれなりに印象深い、小学校のよい思い出として記憶に刻まれているならば、あの交流自体にも多少の意味はあったのだろう。

一方で、お互いに意味が持てるためには、やはり1日2日では足りないのも事実だろう。ましてや僕が講演に行ったくらいでは、その影響力はたかが知れている。それでも、聞いてくれた子供たちにとって何かのきっかけになればと思い、なるべく受けることにしている。

中学受験に挑戦

僕が小学部の1年生の時、6年生に安原理恵ちゃんというとても優秀な女の子がいた。

僕が通っていた盲学校は、幼稚部から小学部、中学部、高等部、その後鍼灸師やマッサージ師の国家資格をとるための専攻科までが同じ敷地内にあり、下は３歳から、上は60歳を超える人も学んでいた。幼稚部、小学部と盲学校で過ごした子は、だいたいみんなそのまま中学部に進むのだけれど、理恵ちゃんは東京にある筑波大学附属特別支援学校の中学部を受験し、中学生からは上京して東京で寄宿舎生活を送るらしい。

僕が小学生になる前から、父は全盲の人のあらゆるニュースを新聞やテレビでチェックし、切り抜きや録画で残していた。盲学校で、点字の読み書きや生活に必要な専門的な技術を習得するのは必須だと考えていたが、学校全体の人数をあわせても１００人にも満たない。同級生はいつも片手で数えられる人数というなかでこのままずっと育っていくとなると、どこかで物足りなさを感じるのではないかと考えていたそうだ。

かといって、中学からいきなり地元の中学校に通い始めたところで、息子が苦労するのは目に見えている。そんな時に知った安原さんの進路は、父が息子の進路を考える上で、最有力の道となった。

実家からは遠くなるけれど、東京の学校に行けば、クラスメイトは20人ほどで、滋賀の盲学校の何倍も多い。関西にも、同じように全国から生徒が集まるような大きな盲学校があったらいいのにと思ったが、該当するような学校はなかった。

その時はまだ1年生だったため、息子に話すのはそこから4年後のことだが、この時すでに、父の心の中ではこの道で決まっていたらしい。

一方の母は、ただでさえ小学生のうちから寄宿舎生活で離れて暮らしているのに、さらに遠くてなかなか帰ってこられない東京の学校なんて、とんでもないという考えだった。今以上に離れるなんて、そんなのは耐えられない。それに、これまでのびのび育ってきた息子に突然受験をしようと言っても、そんなのは無理だ。このまま滋賀の盲学校内で進学していけば、それでいい。

僕の進路が原因で、両親が真っ二つに割れた。

しかし、ここは父が踏ん張った。「敬一にとって今の環境では、いずれ物足りなくなるのではないか」という考えには母の心にも響くところがあり、結局、僕の中学受験が決まった。それでも母は受験直前まで、「落ちてくれたら、まだそばにいられるのに」と思っていたらしいけれど。

こうして、僕自身は何も考えていなかったのだが、父の意向で東京の筑波大学附属特別支援学校を受験することが決まり、それは滋賀の盲学校ではなかなかの事件だった。

先生たちとしても地元の盲学校の代表として受験させるような、そんな感覚があったらしい。大人たちがずいぶん一生懸命なのは僕も感じていて、6年生の冬休みには、先生が僕のためだけに受験用の問題集を作ってくれた。しかし、絶対に合格したいという気持ちがあったわけでも、逆に滋賀に残りたい気持ちがあったわけでもなかった僕は、受験というものが最後までピンと来ず、結局その問題集を1ページもやらずに終わってしまった。

受験を目前に控えた頃、「どのくらい問題集やった？」と先生に聞かれた時には、僕は馬鹿正直に「やってないです」と答えた。その時の「そうか……」という先生のなんとも悲しそうな声が、忘れられない。先生が僕のために一生懸命準備をしてくれていたことに、僕はようやく気がついた。先生の想いに気づくのは遅かったけれど、僕は運がよかったのか、あっさりと合格してしまった。そこで母もようやくあきらめがつき、春から僕は、東京へ行くことになった。

Column-1

見えない人へのサポートについて

街中で白い杖を持って歩いている人を見かけることがあるかもしれない。それが僕たち視覚障害者だ。

何か手を差し伸べてあげたいのだが、どうしたらいいかわからない、とよく聞かれるので、少し書いてみたい。

まず最初に頭においてほしいのは、「見えない人が何に困っているのかは、その瞬間、その人によって異なる」ということだ。たとえ駅のホームであったとしても、電車に乗りたいとは限らない。待ち合わせの約束をしている人を探しているだけかもしれないし、僕の場合、駅で困っているときは、だいたいトイレを探している。

というわけで、どんな時でも、その人の求めているものを探ることから始めてほしい。

具体的には、軽く肩を叩いて、「何かお困りですか?」とか、「お手伝いしましょうか?」と声をかけてもらえるとうれしい。あるいは、足音のよく響く靴を履いている場合は、足音を響かせながら、徐々にスピードを落として近づいてきてもらえると、「何者かが僕に声をかけようとしているのか?」と、心の準備ができる。

そうやって声をかけてもらえると、こちらから「電車に乗りたいんですけど」とか、たとえば「1番出口を探しているのですが」とか、「トイレに行きたくてやばいんですけど」といった要望をお伝えすることができる。

ちなみに、実はまったく困っていない、なんてこともある。というか、歩き慣れた場所ではほとんど困っていない。そういう時は、「いいえ、特に困っていないので大丈夫です」と言わせてもらうことになる。場合によっては、めちゃめちゃ急いでいて、雑に断ってしまうこともあるかもしれない。

健常者の方が僕たちに声をかけてくれる時、ものすごい勇気を振り絞っていることは知っている。日本人というのは、そういうものだ。だから、「特に困ってないです」と、せっかくの申し出をお断りしてしまうのは心苦しい。この場を借りて、先に謝らせてほしい。とはいえ、困っていないものは困っていないのだ。どうか、我々が断ってきても、気を落とさないでください。そして、また別の機会に、見えない人と遭遇したら、もう一度声をかけてください。

僕は2年間、アメリカでトレーニングをしていたが、アメリカ人は、こっちが何度断っても、次に会えば声をかけてくれていた。たぶん、いちいち勇気を振り絞って声をかけているわけではないのだと思う。その柔らかな感じが、すごく心地よかった。硬くならず、ゆるく生きていこう、お互いに。

一方、最もしてほしくないのは、何も言わずに、いきなり腕や肩をつかんで引っ張ることだ。単純に、びっくりする。そして、誘拐されるのではないかと思ってしまう。

先にも書いたが、見えない人が何に困っているのかは、その瞬間、その人によって異なる。だから、「絶対に改札を出ようとしている」と決めつけられては困る。

この間、駅でトイレに行きたくなって、ホームから上がる階段を探していた。その時も、何も言わずに腕を掴まれて、エレベーターのほうに連れて行かれた。でも、すぐそこに階段があることを僕は知っていた。わざわざ遠いエレベーターに引っ張って行かれて、しかもエレベーターはなかなか来ない。そして、僕はとにかくトイレに行きたい。この気持ち、理解してもらえるだろうか。

逆に、こちらの要望を聞いてからサポートしてもらえた時は、すごくうれしかった。これも、どこかの駅だったと思う。「どちら方面の電車に乗りますか?」と聞かれたので、目的地を伝えたところ、「急ぎますか? 走れば間に合いそうですし、安全にもう1本次にしますか?」と聞いてくださった。基本的にぎりぎりで生きている僕は、迷わず走ることを選んだ。おかげで、一人で歩いているよりも早く、目的地に到着した。障害者も、まあまあ急いでいる、こともある。

第2章

中学・高校生時代

波乱万丈な東京での新生活

単身上京

すれ違いざまに、何度も腕や肩がぶつかる。

香ばしかったり、甘かったり、さまざまな料理のにおいが漂い、無数の飲食店の気配がする。

全方位から聞こえてくる話し声、電車や車の音――。

東京のにおい。東京の音。

12歳の春、僕はたった1人で上京した。


それまで、僕にとって身近な都会といえば、滋賀のお隣、京都だった。

京都駅周辺の喧騒は特別だったし、伊勢丹は京都にしかない店だと思っていた。

僕が抱いていた東京のイメージは、〝すごい京都〟。実際に東京は、ひとつの駅周辺だけではなくて、そこらじゅうに京都駅があるような感じがした。

中学生で単身上京、なんていうと聞こえはいいけれど、実際にはしっかり両親に見送ってもらい、盲学校の寄宿舎での生活をスタートさせたにすぎない。親元を離れて生活するというのは滋賀にいた頃と変わらないし、自分でも拍子抜けするほど、僕は寂しさを感じていなかった。

それまでのように毎週末、実家に帰ることができなくなっても、別に構わないと思っていた。学校と寄宿舎を往復する生活が続くと考えたら、滋賀も東京もさほど変わらない。それに、もう中学生になるというのに寂しがるなんて、かっこ悪いと思った。

4月、ほとんど初めてといえる同級生のクラスメイトができた。程度の差こそあれ、全員が自分と同じ視覚障害者で、全国各地からやってきた12人。僕を含め、4人が関西から進学していた。そのなかに1人、小学生の頃から知っている子がいた。身長140㎝ほどの小柄な男の子。神戸市出身の谷口真大君という子だった。

「谷口君やね？　神戸の」

「うん、まさか東京で木村君と一緒の中学校になるとは思わんかった」

「そうやね。俺、こんなに同級生がおるのは初めてや」

「俺も」

谷口君は小学4年生の頃からのメール友達で、パソコンの授業の一環として、先生が関西圏の盲学校の児童を探してつないでくれたのがきっかけで知り合った。メールのやりとりのみで、特段親しかったわけでもないけれど、初めて身を置く場所に知り合いがいるというのはとても心強かった。

東京でもへっちゃらだと思っていたけれど、僕にも、心の奥にはそれなりに不安な気持ちがあったらしい。それは谷口君も同じだったようで、僕らは自然と一緒に過ごすようになった。

全員が関西弁だった滋賀の盲学校と違って、中学校にはいろんな話し方の子がいた。

同級生には東北や関東、中国地方の子がいて、それぞれイントネーションやアクセントが違うのは面白かった。なかでも、大声でゴリゴリの広島弁を話す寺西一君の印象は強烈で、同い年とは思えない迫力だった。

「わしは広島じゃけぇ。われぇ、関西から来たんか？」

「僕」でも「俺」でもなく、自分のことを「わし」という子供に出会ったのは、寺西君が初めてだった。「わし」なんて言うのはおじいちゃんだけだと思っていたけれど、違うらしい。

寺西君は声だけじゃなく体も大きくて、なんでも拳で解決できそうな感じ。嘘か本当かわからないけれど、広島にいた時には取り巻きを連れて、よその小学校の生徒ともケンカしたと言っていた。僕や谷口君のような、なるべく波風を立てずに過ごしたい、平和主義とは明らかに違うタイプ。

怖そうだし、ちょっと苦手だなと思った。

一方、関東出身の子はなんだか話し方に特徴がなくて、その子らしさみたいなものがあまり感じられなかった。秋田からやってきたというある子は、頑なに方言を出さないように気をつけているみたいで、不思議だったな。

僕や谷口君といった関西出身者は「俺たちは絶対に関西弁を曲げないぞ」と謎のプライドを持っていたから、その点では真逆だった。しかしそれも1年後には、みんなしっかり「じゃん」を使いこなすようになって、家族から「東京もんになったな」と言われることになるのだけれども。

寄宿舎は2人部屋で、僕たち1年生のルームメイトはだいたいが3年生だった。

僕が同部屋になったのは田所祐樹さんという人で、この人は寺西君よりもガタイがよく、絵に描いたような〝先輩〟だった。そもそも、僕はそれまで、先輩後輩の上下関係というものを味わったことがない。滋賀の盲学校にいた時にも、先輩というくくりでいえば60過ぎのおじいさんまでいたけれど、大人や中高生は小学生には優しく、先輩というのは優しいものだと思っていた。

ところが、この田所さんときたら、毎日のように理由もなく僕を殴ってくるし、「パンを買ってこい」と命令するし、そのパンのお金は全部１円玉で払ってくるし、僕が寒がりなのを知って極寒になるほどクーラーで部屋を冷やしたりする。

結構、とんでもない先輩だった。

先輩というのは理不尽に厳しい存在で、後輩というのは大人しくしていなくちゃ生きてはいけないのだと、これまでの常識をまるきり変える必要があった。


僕たちの学年は女子生徒のほうが多くて、男子は僕を含め４人だったのだけれど、僕だけでなく、男子は４人全員が先輩からシゴキを受けていた。僕みたいに殴られている奴もいれば、谷口君はルームメイトの先輩が相手にしてくれず、話ができないことに参っていた。

殴られるのはもちろん嫌だけれど、田所さんは僕が困っている時にはどうすればいいか教えてくれたし、避難訓練の時には一緒に逃げてくれたり、ときどき一緒にごはんを食べたりもしていた。だから、ものすごく僕のことを嫌っているわけではなさそうだし、極悪人ではなかったと思う。

正直シゴキは想定外だったけれど、同級生の男子がみんな同じような境遇だったから、放課後にみんなで集まって先輩のグチを言い合い、「お前も大変なんやな」となぐさめ合うだけでも気持ちは晴れた。

先輩がいる部屋にできるだけ帰りたくなかった僕たちは、学校が終わってから夕食までの間は部屋の外で時間をつぶした。

谷口君は「部屋に置いておくと先輩に食べられちゃうから」と、よくおやつを持ってきてくれた。親から送ってもらったという桃の缶詰は、すごく甘かった。寄宿舎の屋上で身を寄せ合い、手探りで桃を食べながら、「友達って、こういう感じなんやな」と僕は思った。

自分たちの境遇を、先生や親に言ってやろうという気にはならなかった。

なんとなく、大人に話して解決しようとするのはルール違反というか、かっこ悪いなと思っていた。実際には、そんなことはまったくないのだけれど、僕だけでなく、その時はみんな同じ考えだったと思う。それが僕らなりの戦い方だった。

今なら、即、チクリます(笑)。

極寒の12メートルプール

一方、水泳はどうなったのか?

入学前から、水泳部に入ろうかなとぼんやり考えていた僕は、入寮日にルームメイトの田所さんが水泳部だと聞き、「これは心強い」と予定通り水泳部に入った。この時はまだ、田所さんが暴力的な人だなんて知らなかったのだから、しょうがない。

それでも、不思議と部活の時は田所さんが殴ってくることもなく、１年生の新入部員が僕ひとりだったこともあって、先生や他の先輩たちには可愛がってもらった。

中学生の部活は週1回、毎週金曜日が運動部の部活の日と決まっていた。学校のプールはもともと防火用水槽だったところに無理やりコースロープを張ったような設備で、滋賀の盲学校のプールよりも小さく、なんと12メートルしかなかった。

その超絶せまいプールは校舎の東端に位置していて、授業が終わって部活の時間になる頃には一切陽が当たらず、せまい上にめちゃくちゃ寒かった。特に、僕が中学生になった２００３年の夏は記録的な冷夏で、真夏でも震えながらプールに入った覚えがある。

屋外プールしかないから、毎日泳げるのは5月〜9月の間。その時期以外は体育館で筋トレをしたり、１ヶ月に1、２回は公共の屋内プールに泳ぎに行った。

中学校の部活は「練習するとはこういうことか」というほどにハードなもので、スイミングスクールとは全然違っていた。スイミングスクールに通っていた時も、もちろん自分の持ちタイムというのは把握していたけれど、記録を上げていくためには、こんなに泳がなくちゃいけないのか、というレベルで、とにかく部活の間は、ずっと泳ぎっぱなしだった。そのせいで極寒の中でも震えている暇なんてなかった。

当たり前のことだけれど、中学進学後、滋賀の実家へ帰る頻度は減った。

５月のゴールデンウィークと6月初旬に帰った後は、夏休みまでの約２ヶ月間、ずっと東京で生活しなければならなかった。

1年で一番実家に帰るまでのスパンが長くなるのがその時期で、小学生の頃から寄宿舎生活には慣れているはずの僕が、「家に帰りたい」と切実に思った。夏休みに入ってからも、水泳部は部活のために1週間はそのまま寄宿舎に残って練習することになっていて、すぐには帰れない。それに、水泳部の1年生は僕ひとりだけだったから、その間はプールにも寮にも数人先輩がいるだけで、なかなかしんどかった。実家に帰る日を指折り数えて待つなんて、初めてのことだった。

7月下旬にようやく滋賀へ帰れたのも、つかの間。水泳部員は他の部活より1週間早く、8月下旬には寄宿舎に戻ってまた練習に励まなければならず、あっという間に東京へ戻る日が来てしまった。しぶしぶ寄宿舎へ戻ったものの、3日も経つと、また実家に帰りたくてたまらなくなる。

小学生の頃は、親と離れることをなんとも思っていなかったのに、滋賀と東京という距離は、僕が思っていたよりも遠いみたいだ。つい3日前まで実家にいたというのに、まだ新学期が始まらない8月の寄宿舎で寂しさが頂点に達した僕は、実家に電話することにした。

当時の連絡手段といえば公衆電話で、普段は2週間に一度、近況報告で親に電話をかけていた。たまに、親から学校の職員室に電話がかかってくることもあったけれど、先生や他の生徒が近くにいると思うとなんだか居心地が悪く、なにかと理由をつけてはすぐに切っていた。学校の敷地外に公衆電話があることを知ってからは、寄宿舎内の電話を使わず、わざわざ外へ出て電話をかけた。

電話番号を押す前に財布の中から10円玉を探し、公衆電話の台に積み上げる。何か話題を考えなければと思ったけれど、考えつくより先に受話器をとってしまった。

無機質なコール音が、耳元で鳴り響く。

「はい、木村です」

「もしもし、お母さん？」

「敬一？　どうしたん？　なんや、忘れ物でもしたん？」

「いや、別に忘れ物はしてないんやけど……」

「それなら、どうしたん？」

「特になんもないんやけどな」

「そうか、それならお母さんの話聞いてや。今日な……」

母のどうでもいい話を聞いていると、少し寂しさが紛れた。

用もなく電話した僕を、質問攻めにしない母の気遣いがありがたかった。

「寂しいんか？」と聞かれたら、頑なに否定しただろうし、「帰っておいで」と言われたら、泣き出してしまったかもしれない。


僕が初めてホームシックに陥っていた8月末。新学期を前に、みんなが寄宿舎に戻り始めた頃、広島出身でちょっとおっかないクラスメイトの寺西君が、突然僕の部屋にやってきた。

「おい木村、われぇ野球が好きなんか？」

一体どこからそんな話を聞いてきたのか知らないが、僕はたしかに野球が好きだった。

「野球？　好きやけど……」

「そらえぇわ！　わし、今年のプロ野球の全選手名鑑の点字版持ってるけん、一緒に見ようや」

「それはすごいな」

「えぇやろ。やけん、見ようや」


点字版を「見る」というのは不思議に聞こえるかも知れないが、僕らの「見る」は目に見えることではなく、「理解する」という意味に近いかもしれない。

ちゃんと話をするのはその時が初めてだったけれど、寺西君はなんだかうれしそうにしていて、肩を寄せ合って分厚い点字の選手名鑑を一緒に読んだ。

寺西君は以前から毎年選手名鑑を買ってもらっていたようで、まだ2軍戦にしか出ていないようなマイナー選手の年棒の推移まで記憶している相当なプロ野球〝通〟だった。

どうやら、ただの乱暴者ではなかったらしい。なんとなく、怖くて気が合わなそうだと思っていた寺西君とすっかり意気投合した僕は、それからは時間があれば寺西君とひたすら選手名鑑を読みあい、一緒に試合を観に行く約束まででした。

実家と離れている寂しさも、ルームメイトの意地悪な先輩のことも、寺西君と野球の話をしている時は忘れられた。

水泳というアイデンティティ

健康で文化的な最低限度の生活を送るために、人には「武器」が必要だと思っている。それは僕が全盲だからなのか、健常者にも当てはまるのかはわからない。でも、誰に教わったわけでもなく、僕は幼い頃からいかにして自分の「武器」を増やしていくかを考えてきた。

僕にとっての水泳は、そんな「武器」のひとつだ。

武器が増えるたびに、僕が主人公の人生ゲームのマスがひとつ前に進んだような感覚があった。それは、大人になった今も変わらなくて、たとえば最近では「誰にも頼らずにＡｍａｚｏｎで買い物をする」という新たな武器を得たところだ。

小学生の頃も、中学生になってからも、同級生に水泳をやっている子がいなかったこともあって、僕の中で、水泳は自分だけのオリジナルの武器として確立していくことになる。

極寒のプールで水泳に打ち込んでいたことで、水泳部の先輩たちとの関わりは深くなり、それは他の部活に入っていた同級生にはない、特別なつながりのように思えた。だから、水泳を頑張れば頑張るほど、自分は特別な存在になれる気がして、気持ちがよかった。

実際、その頃急激に身長が伸びたこともあって、たった12メートルのプールで練習しているだけで、どんどん速く泳げるようになった。

中学1年生の冬だったと思う。

放課後、水泳部の寺西先生がやってきて「来年からは、高校生と一緒に練習してみないか?」といきなり声をかけられた。寺西先生はパラ水泳界では有名な先生らしく、多くの教え子をパラリンピックに送り出し、日本代表のコーチも務めていた。

学校では高校生を中心に指導していたから、その頃僕は、直接教わる機会は多くはなかった。それでもなんとなく、中学生の部活は2軍、高校生の部活は1軍という感じがしていたから、1軍行きを伝えられたようで、悪い気はしなかった。

これは後から聞いた話だけれど、寺西先生はわざわざ僕の実家に電話をかけて「敬一君に本格的に水泳をやってもらおうと思うのですが、よろしいですか?」と父に話していたそうだ。


実際に高校生と一緒に練習をさせてもらうようになったのは、中学2年の7月だった。

その年は2004年、アテネパラリンピックが開催される年で、高校生だけでなく、パラリンピックに出場する選手たちとも一緒に練習することになった。

当時はまだパラスイマーの練習環境が決してよいとはいえず、トップ選手たちが高校生らと同じプールで練習するようなことも珍しくはなかった。

そこで僕は、初めて河合純一さんに対面することになる。

もちろん、以前からその存在は知っていた。6大会で21個もメダルをとった、日本パラ水泳界のパイオニアだ。筑波の盲学校の先輩だし、寺西先生の教え子でもあるすごい選手。

でも実際に河合さんの泳ぎを体感したのはその時が初めてで、あまりに別次元の速さで泳ぐ河合さんに、ただただ恐れおののいた。同じ練習メニューでも、僕が1往復する間に河合さんは2往復している。それくらい、ものすごいスピードだった。

それまで僕は、泳ぐことの先に何かがあるとは思わず、すでに水泳というアイデンティティを手放せなくなってしまったがために、どうにか日々の練習を乗り越えているという状態だった。

パラリンピックは遠い世界のことだと思っていたし、正直、そんなに魅力的な舞台にも思えなかった。それが、河合さんや他のトップスイマーのスピードを体感したことで、パラリンピアンというのは、なかなかすごいらしいと気づいた。

「パラリンピックに出たい。河合純一さんのようになりたい」

イアン・ソープはテレビの世界の憧れだった。

その日から、河合さんが僕のリアルな「目標」になった。

「おい、木村。来年、アメリカの試合に出るぞ」

中学2年生の冬、寺西先生の一言で、僕の水泳人生はちょっとした転機を迎えた。

僕はまだ、国内最高峰のジャパンパラ水泳競技大会という大会に出場できるレベルにも達していないというのに、寺西先生は僕を日本代表に推薦したらしかった。なんだか、いろいろすっ飛ばした感じだ。

出場するのは、アメリカでおこなわれる世界ユースというジュニアの国際大会で、翌年、僕が中学3年生になった夏に開催されると言い渡された。寝耳に水で驚いたけれど、「出るぞ」と言われて「嫌です」と言うわけにもいかないし、そこから一気に、僕の生活が水泳中心にシフトすることになっていく。

僕は特例で高校生と一緒に夜まで練習することになり、週5日以上プールに入るようになった。練習量が急激に増えてきつかったけれど、中学生なのに寮の門限を破って遅くまで練習する許可をもらえたことで、自分が特別な存在になった気がした。

僕はどうやら、日本選手団の最年少になるらしかった。

＊＊＊

世界ユースの舞台は、アメリカ・コロラド州にあるコロラドスプリングス。

海外に行くのはその時が初めてで、乗り換えはあるし、とにかく遠かった。コロラドスプリングスは標高が1800メートルを超える高地にあり、酸素が薄い状態に体を慣らすため、大会の10日ほど前に現地入りした。練習が始まると、年上の選手たちは「酸素が薄くて苦しい」としきりに言っていたけれど、僕は若さのおかげなのか、練習中も酸素の薄さは感じなかった。

滞在中は、宿泊していたホテル内の売店に突撃して英語でおつかいをしたり、日本食レストランで調子に乗ってお寿司を頼みすぎて食べきれず残したり、先生や年上の選手たちに囲まれて、半分遠足のような時間だった。

そんな調子で、初めての国際大会でプレッシャーもなかった僕は、いきなり金、銀、銅１個ずつ、計３個のメダルを獲得。

誰も僕がメダルをとるなんて予想もしていなかったから、寺西先生にも、年上の高校生の選手たちにも驚かれ、そして口々にほめられて、蜜の味を知ってしまったのだった。

深夜の大脱走

そんななか、舞台は再び盲学校へ――。

中２の夏、僕らは無敵だった。

学校でも僕らは絶好調だった。

入学直後から僕をボコボコに殴っていた田所先輩は高等部に進学し、抑圧されていた寮生活が一変した。

新しいルームメイトも先輩だったけれど、田所先輩に比べたら、ちっとも怖くない。それどころか、１つ上の先輩たちは控えめな人が多く、田所先輩たちが去った中等部は、もはや僕らが牛耳っているようなものだった。

僕の部屋は、すっかり同級生の溜まり場になった。

夜10時の点呼を過ぎても、おかまいなし。特に金曜日は、夕方にスーパーで買い込んだ食料を持ち寄って、夜更けまでどんちゃん騒ぎをした。

盲学校から歩いて数分のところにあるスーパーとコンビニが、僕らの行きつけだった。僕らのみならず、盲学校の生徒みんなの行きつけだったので、店内にはいつも白杖を床につく音が響いていた。

そこで争うように買ってきた戦利品を持ち寄り、寺西君、谷口君、ついでに弱視の井端健斗君も集まり、お菓子やカップ麺を食べながら、くだらないことを延々としゃべる。口うるさい先生や、生意気なクラスの女子のこと。部活のきつい練習や、かわいい後輩のこと。話は尽きなかった。

殴られる心配のない平穏な毎日は、それは素晴らしかった。

桃の缶詰を食べながら、谷口君と互いの苦境を慰めあった日々が、遠い昔のように思えた。

だけど、ちょっと平穏すぎたのかもしれない。東京に来て2度目の夏を迎える頃、僕らは、日常に退屈していた。なんだか、物足りない。

刺激が欲しかった。

若者にとっての刺激とはいつの時代も、悪いことの中に紛れている。

それは、目が見えない僕らにしても同じだった。

就寝時間をとうに過ぎた土曜日の午前2時。

僕らは谷口君の部屋に集まり、真っ暗ななかで、持ち寄ったスナック菓子をつまんでいた。

真っ暗ななかで、といっても先生に見つからないために暗くしているわけではない。そもそも僕らは、電気を点けないからだ。弱視の井端君は別としても、僕らにライトの電力は必要ない。なんてエコな集団だろう。

おまけに声さえひそめておけば、見回りの先生にも見つかりにくいときてる。

その晩もそうやって集まり、ひととおり話題が尽きた時、僕は声のトーンをさらに一つ落としてから、ふと思いついた感じで、ある提案をした。

「来週さ、夜中に食堂までジュース買いに行かへん?」

夕方に買い込んだお菓子やジュースも、だいたい底をつく頃だった。

当時はとにかく、いつも腹が減っていた。なけなしのお小遣いをほとんど食費につぎ込んだけれど、それでも全然足りない。空腹を紛らわすためにしょうがなく、ひたすら水道水を飲んだこともあった。

寮生は午後5時から6時の間に各自食堂で夕食をとるのだけれど、翌朝7時の朝食まで丸13時間以上も何も食べずに過ごすのは、成長期真っ只中の少年にはそもそも無理な話だと思う。そのうえ夜10時を過ぎると、自販機のある共用棟の食堂は施錠され、缶ジュースを買うことすら許されないのだ。中学生の門限は夜7時だったから、もちろん外へ買いに行くこともできない。

こんなに腹が減っているのに、こんなに喉が渇いているのに、それを満たすことができないのは、なんだかすごく不条理な気がした。ジュースくらい、飲みたい時に飲ませてくれ。そんな思いと、退屈になってきた日常への刺激欲しさから出た言葉だった。

すると、恐らく同じ思いを抱えていたであろう寺西君が、すぐに賛同してくれた。

「そりゃあいいな。夜は退屈じゃけん」

一方、優等生の谷口君はためらっていた。

「寮を抜け出して、外から侵入するってこと？　食堂は閉まっとるし、どうするん？」

「そんなの、放課後どこか1ヶ所、食堂の窓の鍵を開けておいて、外から入ればいいじゃろ。わしがやるけん」

寺西君は、すっかりやる気満々のようだ。谷口君と井端君は戸惑っているけれど、寺西君がやると言っているのだ。もう、やるに決まっている。

いつも僕らの行動を見ているはずの大人たちの、誰一人として知らない、秘密の計画。悪だくみ。

僕はちょっと、胸が高鳴った。


それからの日々は、時間が過ぎるのがやけに長く感じた。

1週間後の金曜日の夜、僕の部屋に集まったいつもの4人。谷口君は、寮の規則を破ることにまだ後ろめたさを感じているようだった。井端君は、先生に見つからないかが心配らしい。それでも結局、今夜、ここに来たのだ。ぶつぶつ言いながら、きっと2人もついて来るだろう。

10時、11時、12時、1時……。ゆっくりと、時間が過ぎていく。

いつもと変わらない顔ぶれで、いつも通り馬鹿話をしているのに、なんだかみんな、上の空みたいだった。午前2時を回ったところで、やっと、寺西君がつぶやいた。

「そろそろ行くか」

僕は無言でうなずいた。谷口君が唾を飲み込む音が聞こえた。


僕らの部屋は、5階建ての寮の1階で、ベランダから外に出るのは難しくなかった。

寮の前にはちょっとした畑が広がっていたが、どこに何が植えてあるのか、実際に何が育っているのか、誰も知らなかった。

男子寮は南向きに建っていて、食堂のある共用棟がその東側につながっている。寮全体はL字になっていて、直角の部分が共用棟、男子寮の反対側が女子寮という造りだった。

ベランダで順番に靴を履き、先陣をきって寺西君がベランダの柵を越える。僕が続いて、その後に谷口君、最後に井端君が畑へ下りた。寺西君を先頭に1列になって畑を横切り、壁伝いに共用棟の食堂へ向かう。

一歩一歩踏みしめるごとに、畑の土のにおいが立つ。じっとりと蒸した夏の夜、緊張感のなかで、僕はとても興奮していた。

昔、イギリスのあるパンクバンドのボーカルが「月に手を伸ばせ、たとえ届かなくても」と叫んだらしい。人々の自由と権利を得るために。

僕は一度も見たことがない月に向かって、ゆっくりと手を伸ばしてみた。

かかとを上げれば、届きそうな気がした。

白杖を握る手が汗ばむのを感じながら、しばらく壁沿いを歩き続けると、先頭を行く寺西君が立ち止まった。

「おい井端、明かりは点いていないか？」

僕らは、食堂の位置だと思われる、共用棟の外側までやってきた。

光と闇を知っている弱視の井端君が答えた。

「うん、暗いよ」

寺西君があらかじめ開けておいた窓の外まで、ベランダを出てから3分もかからずたどり着いた。

「たぶん、この辺りの窓やと思うんじゃけど……。あ、開いた！」

辺りはしんと静まり返った丑三つ時。スーッと音もなく開いた窓は、まるで異世界へつながっているように思えた。寺西君が、ゴクリと唾を飲む。

「よし、わしが買ってくるけん」

白杖と千円札を握りしめた寺西君が大きな体を窓にくぐらせ、ズトンと食堂の中に着地する。足音とともに、コツコツと床をたどる白杖の音が、少しずつ遠くなっていく。僕と谷口君は、思わず互いの手をとりあっていた。同時に、千円札が、自販機に吸い込まれる音がした。

そして短い電子音の後、ドスンと勢いよくコーラが落ちる。

その音に合わせて僕と谷口君もビクン！　となる。神様、どうか寺西君がそれ以上、大きな音を立てませんように……。

しかし、次の瞬間、予想外のことが起きた。千円札を入れたので、お釣りがジャラジャラと落ちてきたのだが、その音がいつまで経っても終わらないのだ。

ジャラジャラジャラジャラ！

ジャラジャラジャラジャラ！

「しぃー！　しぃー！」と僕らは口元に指を当てて寺西君に伝えているにもかかわらず、次から次へと硬貨が落ちてくる音が、夜の食堂に響き渡った。

ひとしきり落ち終わると、食堂の中は再びシーンとなった。そのまま無言で耳を澄ませる。大丈夫だ。先生に気づかれた様子はない。

ほっとした僕らに、寺西君がスネたような声で言った。

「なんで釣り銭、全部10円玉で出てくんだよぉ～」

我らが大将に降りかかった災難と、なぜか慣れない標準語を使ったつぶやきに、僕らは口をおさえて腹がよじれるほど笑った。

「ほら、買えたけん！」

それでも気を取り直した寺西君が、戦利品を手に、ゆっくりと僕らの元へ戻ってきた。さすが、僕らの大将。やっぱり、寺西君は頼りになる。

こうして僕らは、無事にコーラを手に入れた。

4人いるのに、なぜか1本しか買わなかった缶コーラを大事に持ち帰り、きちんとコップに注いで祝杯をあげた。プシュッと炭酸が抜ける音で、なんだか夢見心地だった気分が、一気に現実へと引き戻された。僕らは、本当にやってのけた。いや、正確には、ほとんど寺西君が1人でやってのけたのだけれど。

寮を抜け出して、ジュースを買う。今思えば、たったそれだけのこと。それが、当時の僕らにとっては、大きな大きな出来事だった。大仕事を成し遂げたかのような、充実感でいっぱいだった。たった1本の缶コーラを4人で分けたから、ひとり分は、わずかにおちょこ1杯ほど。それでも、ひと口で飲み干せる量を、僕らはちびちびと大切に味わった。

「コーラって、こんなにうまかったかな」

谷口君の言葉に、深く共感した。間違いなく、この時のコーラは、人生で一番うまかった。

＊＊＊

夜中に寮を抜け出す。規則を破る背徳感とスリル、そして得られる達成感に、僕らは一夜で魅了された。無事コーラを手に入れられたことにすっかり味をしめ、すぐに、次なる計画を企て始めた。

「次は、夜の学校に行ってみよう」

そう言い出したのが自分だったのか、寺西君だったのか、もう覚えていないけれど、少なくともその頃には、誰も反対する者はいなかった。

学校の校舎は同じ敷地内にあるものの、寮とはつながっていない。男子寮のベランダを出て、食堂とは逆の西方向に進み、グラウンドを横切った先が校舎だ。食堂までのルートより少し長くかかるが、何もなければ5分くらいで着くだろう。問題は、どこから入るかということだった。昇降口の施錠を突破するのは難しそうだし、1階にあった幼稚部の職員室や、保健室の窓をあらかじめ開けておくというのも、ちょっと現実的ではない。そんな時、井端君がこともなげに言った。

「非常用の滑り台を使えばいいじゃん」

非常用の滑り台……？　なんじゃそりゃ？

すぐには、ピンとこなかった。僕や寺西君、谷口君は、もちろん校舎の位置関係は把握しているけれど、弱視の井端君に比べたら、持っている情報が限られていた。

井端君が、鼻息を荒くして説明した。

「ちょうど、僕らの教室に非常用滑り台がつながっているんだよ」

僕はそもそも、非常用滑り台の存在をその時に初めて知ったし、まさかそんなものが僕らの教室につながっていたなんて、思いもよらなかった。その非常用滑り台を上れば、僕らの教室に着く。これは、名案かもしれない。教室の窓の鍵を開けておくくらいなら、できそうではないか。井端君、たまにはいいことを言う。

僕は井端君に非常用滑り台へつながる教室の窓がどれなのかを教えてもらい、翌金曜日の放課後、こっそり鍵を開けておいた。そして、それ以来、鍵を開けてその窓のブラインドをそっと閉めておくのが、毎週金曜日の日課になった。


2度目の脱出は、少し心の余裕があった。

午前2時を回ったところで、寺西君を先頭にベランダの外へ出る。グラウンドから先、非常用滑り台までは、井端君の目を頼りに進んだ。

あっさりと、目的地にたどり着く。非常用滑り台の前には高さ1メートルくらいの柵が設置されていたけれど、それを越えるのは楽勝だった。分厚い布製の筒状になっている滑り台は30度くらいの傾斜で、2階の教室まで10メートルほど続いているようだ。

今夜は寺西君だけじゃなく、全員が侵入者になる。直径80センチほどの滑り台の中に、寺西君が四つん這いになって入り込む。寺西君に続いて僕も入り口にかがむと、埃っぽさに少しむせた。一度立ち上がって、深呼吸する。再びかがみ、寺西君の後を追った。

滑り台の中は、結構狭い。前を行く寺西君の靴から落ちたであろう土と、溜まっていた埃で手が滑る。なるべく砂埃を吸い込まないように意識しながら、30秒ほどかけて滑り台の中を上った。ようやく滑り台を抜けると、1メートル四方くらいの、ちょっとしたベランダのような場所に出た。

埃まみれになった手で、額の汗を拭う。僕らの教室にベランダはないから、そこは、非常用滑り台と校舎をつなげるためだけに作られたスペースのようだった。

「木村、大丈夫か?」

「大丈夫だけど、もう汗だくや」

寺西君と僕が立っただけで、そのスペースはすでにぎゅうぎゅう詰め。谷口君と井端君は、まだ滑り台の中で悪戦苦闘しているようだった。

「ここ、狭いけん。先に進むか」

僕が昼間に開けておいた窓をそっと開けて、寺西君が校舎内に足を踏み入れた。いよいよ、僕も不法侵入者になる。いい子の木村君、さようなら。

一歩教室に足を踏み入れると、毎日過ごしている場所なのに、昼間とはまるで空気が違った。人の気配がない夜の教室はにおいが薄く、空気が澄んでいるような感じだ。しんとした教室に僕らだけ。昼も夜も真っ暗なのは変わりないし、恐怖感はなかった。

この世界が全部、僕らのものになったかのような高揚感があった。

「ごめん、ごめんよ」と言いながら、ゼーゼーとした呼吸とともに井端君もようやく上がってきた。

4人で、教室からある場所へ向かう。職員室だ。

同じ2階にある中等部の職員室は、普段自由に出入りすることなどできない、校内随一の未知なる場所だった。職員室に鍵がかかっている可能性もあったが、入り口の引き戸は、怪力の寺西君が力を入れるまでもなく、すんなり開いた。思わず、口角が上がる。教室とは違う、コーヒーの香りが混ざったような独特のにおいのなかを、1列になって進んだ。

職員室の教員の机の角には、ご丁寧に点字で名前が記されている。僕らは机に記された名前を一つひとつ触って確かめながら、特に何を探すわけでもないのだけれど、ひとしきり職員室の中を歩き回った。普段、他のクラスメイトや先輩だって入れない、秘密の場所。そんな場所に堂々と足を踏み入れられただけで、大満足の成果だった。

＊＊＊

深夜の大脱走は、その後高校を卒業するまで、約4年間にわたって僕たちの密かな楽しみであり続けた。高校生になると、外部受験組が新たに加わると同時に、中等部の同級生の約半数が、そのまま高等部には進学できずに去る。

外部受験組では、北海道からやってきた嶋田拓真君と気が合って、谷口君や寺西君と一緒に4人で過ごすことが多くなった。嶋田君は弱視だったけれども、自分がなぜ盲学校にいるのかもまだ納得していないほど、結構見えていたみたいだ。北海道では一般の中学校でバスケ部だったらしく、背が高い。おっとりした、気のいい奴だった。

僕らの欲望は加速し続けた。

脱走を重ねるにつれ、より大胆になっていった僕らは、寮や学校では飽き足らず、次第に学校の敷地外へも繰り出すようになっていた。

一番遠かったのは、池袋駅の近くにあるラーメン店だ。学校の敷地外と言っても、せいぜい徒歩

5分のところにあるコンビニに行くことが多かったのだけれど、その夜はなんだか無性にラーメンが食べたくて、嶋田君と2人で池袋駅を目指すことにしたのだ。

まだ少し肌寒い、5月の深夜1時過ぎ。高校生になる頃には、脱走のスリルや罪悪感はかなり薄れていて、まるで恒例行事のように、夜な夜な外へ繰り出していた。中学時代以上に食欲も無限で、その日は寮での夕食後、僕と嶋田君はそれぞれ夜食にカップ麺を平らげた。それでも「なんだか、また腹が減ったなぁ」とつぶやく嶋田君に同意し、「……行く？」「そうだな」というやりとりだけで脱出を決めた。

学校の敷地外に出る時の一番の障害は、固く閉ざされた校門だ。

身長よりは低いが、1・5メートルほどある鉄製の校門をよじ登るのはなかなか骨が折れた。こういう時に白杖はとても邪魔で、折りたたんでも30センチほどある白杖を片手に持ったまま校門を越えるのは至難の業。僕より背が高くて運動神経もよく、白杖を持たない嶋田君はいつもあっさり校門を越えているようで、うらめしかった。

僕のような全盲の人にとって、白杖はなくてはならない命綱だけど、つかまって歩ける相手がいる時には、その相手に頼るのが一番安全だ。嶋田君と出かける時は嶋田君の腕につかまり、嶋田君の弱視を頼りに歩いた。

校門から3分ほどで住宅街を抜けると、不忍通りに出る。深夜、住宅街の中はひっそりと静まり返っていて、誰かとすれ違うようなこともほとんどないけれど、不忍通りはこんな時間でもそこそこ車通りが多く、大型トラックがガタガタと荷台を揺らしながら脇を通り抜けて行った。

100メートルほど進むと、頭上に首都高が走る大きな交差点があり、池袋方面へ曲がってからはずっと直進。風が吹くとひんやりと肌寒く、空腹も相まって、僕たちは足早に歩を進めた。

みっともなく大声を上げる酔っ払いの声で、もう池袋駅は近いと悟った。

すれ違う人の数も多くなり、昼間とそんなに変わらないようにも思える。飲食店の換気口から出る、むわっとした生暖かい風を時折顔に受けながら、ラーメン屋を探してさまよった。

人出は昼間とそこまで変わらないのではと思うほどだが、さすがにもう閉店している店が多いらしく、「ここも閉まっているなぁ」と嶋田君が落胆している。

やっと見つけたラーメン屋は、とんこつ醤油のパンチの効いたにおいが店の外までプンプン漂っていて、僕たちはそのまま誘い込まれるように店の中へ入った。すでに午前2時を回っているにも関わらず、「いらっしゃいませ!」という元気な挨拶に出迎えられて、僕たちはカウンターの席に並んで座った。僕たちの他にも、数組客がいるようだった。こんな深夜に白杖をついた高校生だけでラーメン店にいる状況は、周りの目にどう映ったのだろう?

普段はわずかな交通費もケチっているが、この時は1杯千円近くする大盛りのラーメンを迷わず注文。僕と嶋田君は、ほとんど無言で黙々とラーメンを平らげた。

それですっかり満腹になったはずなのに、この頃、僕たちの胃はどうかしていた。しょっぱいラーメンの後には無性に甘いものがほしくなり、大盛りラーメンを食べたその足で、帰路にあったジョナサンに立ち寄った。ひとつずつパフェを注文し、完食。ようやく満足した僕たちが寮に戻る頃には、すでに朝5時になっていた。

＊＊＊

脱走の時、だいたいいつも寺西君や谷口君、嶋田君が一緒にいたけれど、一度だけ、僕ひとりで出かけたことがあった。なぜそうなったのかはよく覚えていないけれど、その日みんなはもう寝ていて、僕だけが空腹と闘っていたのかもしれない。

実は、中学時代は1階だった寮の自室が、高校生になると全員4階になり、脱走のハードルはぐんと上がっていた。その頃は寮の1階にある職員室の窓から出入りすることにしていて、その夜も僕は職員室を通り、危なげなく脱出に成功した。

でも、結局一人で脱走してもあまり面白くなくて、早々に寮へと引き上げた。

中に入ろうと、来た時と同じ職員室の窓に手をかけた時、開けてきたはずの窓がビクともせず、サーっと血の気が引くのを感じた。一応他の窓も触ってみるが、当然開かない。

僕は、閉め出されたのだ！

好事魔多し。いや、いい事じゃないから、身から出たサビか。

恐らく、まだ完全には寝ていなかった当直の先生が、僕が出た後に目を覚まし、あらためて窓の鍵を施錠したのだろう。いやいや、待ってくれ。どうしてよりによって、今日は一人なんだ？

このまま朝の点呼までに部屋へ戻れなければ、脱走がバレてしまう。それだけは、なんとしても避けなければならなかった。

意を決した僕は、自力で4階の自室ベランダまでよじ登ることにした。視覚からは入る情報がない分、余計な恐怖を取り入れずに済んでいるとはいえ、この時の僕はどうかしていたと思う。5階建ての寮にひるむこともなく、「しょうがない、登るか」という軽い気持ちで、ベランダに足をかけた。

手を伸ばしただけでは1つ上の階には届かず、ベランダの柵の上で跳ぶように足を踏み込んで、同時に目一杯腕を伸ばすことで、ようやく伸ばした先に1つ上の階の柵をつかむことができる。反動と腕の力で体を引き寄せ、1つ上の階の柵にまた足をかける。少しでもタイミングがずれたり、手や足が滑って落下すれば、大怪我どころじゃ済まないレベルの高さだった。それでもなぜか、失敗するかもしれないという恐怖はまったく頭になかった。とにかく、今後も脱走を続けるために、自分が見つかるわけにはいかない。その一心だった。

結局、なんとか4階までよじ登ることに成功した。

時間にしたら、ものの10分ほどだろう。水泳のために鍛えた体がこんなところで役に立つとは。この時ばかりはさすがに4階まで素手で登るという「武器」を手に入れた、とは思わなかった。

今思い返してもゾッとする。

盲ろうのルームメイト

中学3年生の時、僕のルームメイトになった1年生の森敦史君は、僕と同じ全盲で、かつ、まったく耳も聞こえない盲ろうの子だった。

僕にとって、目が見えないのは当たり前のことだから、同じ全盲の人に対して「大変だろうな」と思うことはない。でも、耳が聞こえないというのは、僕の想像を絶する世界だ。今振り返ると、森君はそもそもどうやって言語を習得したのだろう、と考えたりする。学校としても、盲ろうの生徒を受け入れるのは初めてだったらしい。

そんな中で、ルームメイトというのはなかなか重要なポジションだ。

僕は森君とコミュニケーションをとるために、「指点字」というものを学んだ。

学んだといっても、点字の読み書きができればわりと簡単に習得できるもので、特別努力が必要だったわけではない。指点字は、森君の両手の甲の上に自分の両手のひらを重ね、親指と小指を除く真ん中の指3本を点字タイプライターの6つのキーに見立てて、その6本の指にパソコンのキーを打つのと同じ要領で触れていく。6本の指を使って点字を表し、意思疎通を図るというものだ。道具がいらず、慣れるとかなりのスピードで会話ができる。

僕は、全校で行われる朝礼の時に先生が話していることを指点字で通訳したり、避難訓練の時には、非常ベルが鳴っていることに気づかない森君に「逃げるぞ」と指点字で伝えたりした。

そう聞くととても献身的な人間のように聞こえるかもしれない。でも僕は、淡々と自分の役割をこなしていただけだったと思う。

でもひとつだけ、僕が胸を張って、森君に貢献したといえる出来事がある。

中学生の成長期真っ只中でいつも腹を空かせていた僕は、夕食の後、寝るまでの間によくカップ麺を食べていたのだけれど、ある時森君が「いいにおいがする」と言うから、思い立って森君にカップ麺の作り方を教えることにした。

買い溜めていたカップ麺がちょうど1個残っていたから、まずは森君の手をとって、一緒に容器を触った。「これはカップ麺という食べ物で、これにお湯を入れるとラーメンができるんだよ」と指点字で伝える。寄宿舎には、いつでも使用できる電気ポットがあったから、森君と電気ポットのそばまで行き、手を添えて一緒にフタを半分開けた。中にスープの袋や薬味が入っていないかを触って確認し、「今から、ここに熱いお湯を注ぐよ」と伝えて一緒に電気ポットのボタンを押す。お湯が出ている間、容器が温かくなっていくのを感じ、その温かさがフタの近くまで達したところでお湯を止める。

「もう一度フタを閉めて、3分経ったらラーメンができるから食べてみよう」

「わかりました」

しばらく、無言で過ごした。だいたい3分くらい経ったかなと思う頃、一緒にフタを開ける。

「できたよ」

静かに、森君が人生初のカップ麺を口にした。すると、すぐさま僕の手をとり、「おいしいです」と伝えてきた。「よかったね」と伝えたら、もう一度「おいしいです」と伝えてきた。

相当気に入ってくれたらしい。

それからというもの、なんと森君はほぼ毎晩のように部屋でカップ麺を食べるようになった。

やっぱり、森君も夕食だけでは足りなかったんだな。毎晩、僕の部屋に来ていた寺西君は、森君がズルズル麺をすする音を聞いて「森もカップ麺を食うようになったんじゃな」と驚いていた。

「この前俺が教えたんやけど、そこから毎日食うようになってしまったわ」

「そらえぇわ。気に入ったんやな」

「それならえぇけど、食べすぎやろ」

「森の人生に影響を与えたっちゅうことじゃな。もうカップ麺のない人生は考えられんけん」

「森君のお母さんに、誰がカップ麺食べさせたん？　って怒られんかな」

「そりゃあないじゃろ」

僕と寺西君が自分の話をしているとは思いもよらないであろう森君は、その間もズルズル、麺をすすり続けていた。

僕には、「森君を助けなければならない」というような使命感はなかった。良くも悪くも、ただの後輩。指点字の通訳以外は、目が見えないだけの他の後輩たちと同じように接していたつもりだ。

だから、部屋ごとで順番に回ってくるトイレ掃除当番を森君に任せきりにしてサボったり、ちょっと悪い先輩ヅラっぽいこともした。毎朝やらなければならなかった部屋の掃除は森君と分担して行っていたけれど、あちこち散らかしっぱなしの僕のせいで雑巾掛けがはかどらない森君に「木村さん、もっと片づけてください」と言われ、反射的に「うるせぇな！」と怒ったこともある。

森君はもちろん指点字で伝えてきているわけだから、実際に声を発しているわけじゃない。だから、聴覚的なうるささというのはまったくないのだけれど、「それでも、うるさいよなぁ」と不思議な気持ちになった。逆に、僕がどんなに大声で騒いでも森君の迷惑にはならないと気づいて、寺西君や谷口君を部屋に招いて、大騒ぎすることもあった。

それでも森君は僕になつき、どの先輩よりも信頼してくれていたのだから、親切というものはわからない。

思い出の福島旅行

高校生になって最初の夏休み、谷口君の誘いで福島旅行へ出かけた。

神戸出身の谷口君と滋賀出身の僕は、実家が同じ関西方面でよく一緒に帰省していたが、2人での旅行は初めて。谷口君は鉄道オタクで、磐越西線とかいうローカル線に、どうしても乗ってみたいらしかった。

旅行といっても、日頃腹を満たすことにさえ少し足りないお小遣いでやりくりしている僕たちに、余裕はない。新幹線ではなく、ローカル線を乗り継いでまずは郡山を目指し、そこから谷口君念願の磐越西線に乗ることにした。希望は1泊2日だったが、宿代を捻出するのは厳しい。かといって、日帰りするには無理がある距離ということで、僕らは郡山の駅前にあるガストに目をつけた。

24時間営業のガストなら、だらだら居座ることができそうだし、食事もとれる。テーブルに突っ伏して少し寝れば、あっという間に朝が来るだろう。「ガスト泊」は、名案に思えた。

旅行当日。お菓子が詰まったリュックを背負い、白杖を手にした僕たち2人はまず池袋駅へ向かった。いつも通り地下鉄代をケチって、寮から20分ほどの道のりを歩く。8月の昼下がりの日差しは容赦なく、出発して間もなく汗だくになった。アスファルトの道はむわっとした熱気に包まれ、排気ガスのにおいが濃く立ち込めている。白杖を握る手も、汗でヌルヌルだ。僕はあまりの暑さに、「やっぱり、地下鉄にすればよかったね」と何度も言いかけた。谷口君も同じ気持ちに思えたけれど、なんとなく、それを言ったら負けな気がして、言葉を飲み込んだ。

この日は風もなく、日陰が少ない池袋駅までの道のりは、この旅で最も過酷な時間だったかもしれない。やっとの思いで池袋駅にたどり着いた僕らは、そこで初めて「暑かったね」と笑い合った。

池袋駅から先は、埼京線や宇都宮線、東北本線を乗り継いで郡山を目指す。無事、郡山駅に到着した時には、寮を出発してからすでに4時間が経過していた。疲労感とともに、友達とたった2人で遠く初めての地までやってきたことに、達成感があった。

駅員さんにガストの場所を尋ねると、本当に駅のすぐ近くにガストがあった。

僕たちはその日の「宿」に向かった。

＊＊＊

「君たち、何歳？」

突然、頭上から男性の声が降ってきた。どうやら腹を満たした後、僕も谷口君も眠ってしまったらしい。しぶしぶ起き上がって目をこすっていると、もう一度聞かれた。

「君たち、何歳？　こんな遅くに、子供だけで外にいたらダメだよ」

男性はガストの店員のようだ。少しうとうとしていただけかと思ったら、すでに午後10時を回っていた。やはり、疲れていたらしい。

「16歳です」

本当はまだ誕生日が来る前で15歳だったのだけれど、わずかに対抗してみた。

谷口君は黙ったままだ。

「もう家に帰らないとね」

「僕たちは東京から来て、今日はここに泊まる予定で……」

「東京から？　そしたらもう電車は無理だろうけど、どこか宿にちゃんと泊まらないと」

「でも、そんなお金はないです」

「お金がないといってもなぁ。君たちをこのままにしていたら、お店が怒られちゃうし」

「はぁ……でもぉ」

僕たちはガストを出る気はさらさらないから、一向に埒が明かない。

問答を繰り返すうちに、しびれを切らしたその男性店員は「とりあえず、俺のシフトが終わったら送って行くから、あと1時間待っていな」と言って、去って行った。

送るといっても、東京から来た僕らを寮まで送り届けられるはずもあるまい。これは、もしかして警察に連れて行かれるのかな。ちょっとやばいことになってきたかもしれない。そう思いながらも、またうとうとしていた。

「おい、行くぞ」

最初に声をかけられてから、1時間くらい経った頃だろうか。男性店員が戻ってきた。「ほら」と促されると抵抗しようがなく、谷口君と連れ立ってガストを出た。車の後部座席に押し込まれ、連れて来られたのはガストからほど近い、ビジネスホテルだった。とりあえず、警察じゃなくてホッとする。深夜のビジネスホテルに、突然現れた青年男性と盲目の少年2人。ホテルの受付のお姉さんから見たら、さぞ怪しかっただろうな。

ガストのお兄さんが予約状況を確認すると、幸か不幸か、ダブルもツインもすべて満室だった。郡山って、こんなに人が来るところなのか。ちょっと意外だった。

その時に空いていたのはシングル1室だけで、ガストのお兄さんは「子供だから、シングルの1部屋に2人を泊めてくれ」と訴えた。受付のお姉さんは優しそうな声だったけれど、「シングルに2名泊めるわけにはいきません」と頑なに断っている。お姉さん、いいぞ。僕たちは、このまま宿泊を断られたら、なぜかガストに戻れると思っていた。結局、子供2人でシングルに宿泊することは許されず、僕たちはビジネスホテルを出た。車に戻ると、お兄さんはため息混じりに言った。

「はぁ……じゃあもう、お前らは朝まで俺の家にいろ」


そうして連れて来られたのは、おんぼろアパートのワンルームだった。

雑誌やら、飲みかけのペットボトルやら、服やらが部屋のあちこちに散らかっていて、足の踏み場もない。完全に独身男性の部屋という感じだった。今の僕の部屋みたいだ。

お兄さんは、30歳前後かなというような若い声だったけれど、あのガストの店長らしい。とても失礼な話だけど、店長でもこんなに狭い部屋に住んでいるなんて、大変だなとその時は思った。男3人が雑魚寝すればいっぱいになるほどの、狭い部屋。お兄さんにはすごく申し訳ないことをしてしまったけれど、宿泊費は浮いたし、ちゃんと横になって寝られたし、結局、僕たちはラッキーだったと思う。

翌朝、といってもたかだか数時間後だが、お兄さんは始発に間に合うように、僕たちを郡山駅まで車で送り届けてくれた。「もうこんなことすんなよ!」と最後まで怒られっぱなしだったけれど、見ず知らずの子供2人を家に泊めてくれたお兄さん。深夜まで働いて疲れていたはずなのに、家から放り出さずに送り届けてくれた。

日の出前の郡山駅は、まったく人の気配がなくて、まるで夜のようにしんと静まり返っていた。郡山で過ごした一夜は、一瞬だったけれど、濃密で、ちょっと汚くて、とても優しかった。

初めてのパラリンピック

僕が初めて明確にパラリンピックを意識したのは、高校2年生の時だ。ジャパンパラ水泳競技大会という国内で一番大きな大会で、100メートル平泳ぎのタイムが7秒くらい一気に縮んだ。パラリンピックに6度出場し、金メダルを5つも獲得したレジェンド・河合純一さんが持っていた当時の大会記録よりも、4秒いいタイム。

もしかしたら、僕もパラリンピックに行けるかもしれないと思った。

当時、代表内定の連絡は郵送で通知されることになっていた。今のような一発勝負の代表選考会はなく、それまでの成績を総合的に考慮して選出される仕組みだった。夏のジャパンパラ水泳競技大会で結果を残し、あわよくばと想いを膨らませていたけれど、翌年1月にあった北京パラリンピック前最後のレースでは撃沈。体調不良を押して出場したら散々な結果で、最後に印象を悪くしたかもしれないと悔やんだ。

3月になると、周りでちらほら代表内定を報告する選手が出始めた。当時のSNSといえばｍｉｘｉ《ミクシィ》で、「北京パラリンピックに出場することになりました」という得意げな投稿を読むたび、ジリジリと焦りが募った。そもそも、代表の可能性がある人全員になんらかの通知があるのか、選出された人だけなのかもよくわからない。恐らく後者だろうが、当落線上の僕は、いても立ってもいられなかった。

しびれを切らし、通知が来たかどうかを知り合いの選手2人に聞いてみることにした。一人は、笠本明里さん。僕の4つ上の背泳ぎの選手で、同じくらいの競技レベルだと思っていた。つまり、笠本さんも当落線上にいて、笠本さんが選出されるなら、自分もいけるだろうという見込みだ。そんな彼女のところには、なんと、すでに代表内定通知が届いていた。ちょっと焦る。でもまぁ、彼女は当時神戸在住で、日本パラ水泳連盟の事務局も神戸にあったから、郵便の都合上、自分より早く届いただけだという結論を出して、自分を安心させた。

続いて連絡をとったのは、鈴木孝幸さん。鈴木さんの元へも、すでに通知は届いていた。

でも、鈴木さんは当落線上どころか、そもそも金メダル候補の選手。選ばれないわけがなかった。だから、もう大昔に通知が届いていたに違いない。だったらなぜ鈴木さんに聞いたのかと突っ込まれそうだけれど、他の選手の状況が気になりつつ、絶望するのも嫌だったずるい僕の気持ちもわかってほしい。

僕は、「すでに通知が届いている」と言われてもダメージのない人を無意識に選んでいた。自分と同じように当落線上にいて、かつ関東在住の選手に聞く勇気はなかった。

自分をだましだまし、まだ北京に行ける可能性はあると言い聞かせていた頃、やっと、待ちに待った代表内定通知が寮に届いた。自分では読むこともできないペラッペラの紙切れ1枚だったけれど、近くにいた先生に「あなたを北京パラリンピック競泳日本代表選手として当連盟から推薦します」と読み上げてもらった時は、心底ほっとした。

出場するのは5種目。僕は、ついにパラリンピアンになるのだ。

17歳、全競技を通じて最年少での選出だった。

今思えば、ここで落選していたら、僕は水泳をやめて、本格的に受験勉強へとシフトしていたかもしれない。

当時、盲学校の水泳部とは名ばかりで、練習はほとんど一人だった。一人きりの練習は退屈だし、つまらなかった。北京パラリンピックに内定した翌月には高校3年生になり、周りは受験一色。クラスメイトが受験に向けてどんどんエンジンをかけていくなか、パラリンピックのことしか考えられない僕が取り残されるのは嫌だった。本当は一般受験を受けるつもりなんてまったくなかったけれど、クラスメイトと同じように模擬試験を受け、その結果に僕も一喜一憂してみたりした。

北京パラリンピックまで2ヶ月をきった頃、都内にある寺西先生の家に泊まり込んで、2週間の合宿を敢行した。

最初と最後の1週間を除いて、夏休み中は寮も閉鎖されてしまうから、本来ならば実家に帰る時期だ。競泳選手が合宿をする時、だいたい早朝と昼で1日に2回プールに入るのが一般的なのだけれど、その合宿ではなぜか昼と夜の2部練習だった。

正午頃にのんびり起床して2時間ほど泳ぎ、一度帰宅して昼寝をする。その後軽く食事をとって、また夜の8時頃から2時間泳ぐ。毎日帰宅するのは夜10時を回っていて、そこから夕食、風呂、読書、時にはゲームをして、就寝は午前1時を過ぎていた。そんな、夜行性に近い生活サイクルが僕と寺西先生にはなぜかしっくりはまって、とても快適だった。

僕たちはそれを、〝不摂生合宿〟と呼んだ。

〝不摂生合宿〟の頃、競泳界にはある革命が起きていた。スピード社製の高速水着、レーザーレーサーが台頭。僕もスピード社製の水着を着て練習することになったのだ。

オリンピックのトップ選手でもなかなか手に入らないような状況下で、それでも僕はいくらかダウングレードしたモデルを着させてもらった。初めてそれを着て泳いだ時は、まるで別人になったかのように体が軽く、衝撃を受けた。水着が違うだけで、こんなに変わるのか。その水着を着て練習するようになった〝不摂生合宿〟から、僕はめちゃくちゃ速く泳げるようになった。

合宿の成果というより、ほとんど水着のおかげだと思うけれど、がぜんテンションも上がってくる。僕も寺西先生も、ポンポンといいタイムが出ることに満足した。

＊＊＊

8月末、大きなスーツケースを2つも携えて、ついに北京入りした。

開幕までの1週間あまりの間には、地元の日本人学校に通う子供たちとの交流会があった。高校生の自分よりいくつか年下の子供たちに激励の言葉をかけられるのは、なんだかすごく不思議で、でも、うれしかった。実際のところ、子供たちは僕のことなんて、よく知らなかったと思う。とりあえず、日本人の選手が来たから「頑張ってください」と言うしかない状況だったのだろうけど、家族や友達じゃない、見ず知らずの人に応援されるというのも、なんだかいいものだなと思った。

これも、パラリンピアンになったからこそ味わえる気持ちだ。

僕のパラリンピックデビュー戦は、最も自信があった100メートル平泳ぎだった。選ばれただけで大満足だったはずなのに、直前の高揚感でなぜかすっかりメダリストになる気でいた僕は、ガラにもなく緊張していた。

今思えば、当時の自分の持ちタイムからして、メダルに届かないのは明らかなのだけれど、「お前のこれまでの人生の引きの強さからすると、何が起きてもおかしくないぞ」なんて寺西先生が言うものだから、僕はすっかりその気になっていた。たしかに、僕は運がいい。とはいえ、そんなにうまくいくはずもなく、予選も決勝も5位。メダルにはかすりもしなかったが、当時の自己ベストが出た。順当な結果だけれど、急に欲張りになっていた僕は、自己ベストを出せた喜びより、メダルに届かなかった悔しさのほうを強く感じた。

100メートル自由形のレースの日には、北京の日本人学校の子供たちが会場まで応援に来てくれた。

単純すぎて恥ずかしいけれど、僕はそれでがぜんやる気が出た。応援に来てくれた子供たちを、喜ばせたい。いいところを見せたい。そんな気持ちになったのは、初めてだった。

順位は100メートル平泳ぎと同じ5位だったけれど、自己ベストを5秒縮める大健闘の記録。泳いでいる時に声援なんて聞こえないし、僕には会場にいる子供たちの姿が見えるわけでもない。それでも、応援の力というのは、本当にあるのだなと思った。自己ベストを出せたのは、試合を見に来てくれた子供たちのおかげ。本気でそう思った。

応援してもらえるって、なんて幸せなんだろう。いつもは厳しい寺西先生も、この時は手放しでほめてくれた。

5種目に出場した僕は、100メートルバタフライで6位入賞し、50メートル自由形と400メートル自由形は予選敗退。5位入賞した2種目では自己ベストを更新したから、メダル獲得というミラクルは起こせなかったけれど、持ちタイムからすれば十分すぎるパラリンピックデビューだった。

僕が6位だった100メートルバタフライでは、同じレースに出場した河合純一さんが銅メダルを獲得。やっぱり、河合さんは速かった。憧れの河合さんと、パラリンピックの決勝という一番大きな舞台で一緒に泳いで、その河合さんがメダルを手にしたことはすごくうれしかった。

河合さんは、僕より速くて当たり前。この頃は、まだそんなふうに考えていた。

河合さんをはじめ、北京パラリンピックの日本競泳チームはベテラン揃いで、パラリンピック初出場だったのは、僕と小山恭輔さんの2人だけだった。他はみんな、一つ前のアテネや、それ以前からパラリンピックに出場してきた常連の選手ばかり。小山さんは僕より3つ上の大学生で、シニアデビューをしたのが2006年のフェスピック（極東・南太平洋身体障害者スポーツ大会）というのも一緒だった。競技レベルも同じくらいで、小山さんもこの大会には当落線上ギリギリで選出されたはずだ。歳も近く、なんとなく、同期のような意識があった。そんな小山さんが、大会終盤に銀メダルをとった。

下馬評を覆す大快挙で、日本チームは大いに沸いた。

自分と同じ位置にいる同期だと思っていた小山さんが、突然メダリストになった。すごく複雑な気持ちになった。

小山さんとは障害のクラスが異なるから、僕は同じレースにはエントリーしていない。直接負けたわけではない。同じ日本選手団として、同期として、小山さんの銀メダル獲得は、すごくめでたいことのはずだった。それなのに、まったく祝う気持ちにはなれない。

河合さんが銅メダルをとった時は、あんなにうれしかったのに、小山さんがとったら今までに味わったことのない切なさと悔しさが、一気に押し寄せた。

小山さんが自分を置いて、すごく遠くに行ってしまったような気がした。

結局、この気持ちはこのあと2年くらい引きずることになる。

パラリンピックが閉幕して、中国各地を観光している間もずっと、気分が晴れなかった。万里の長城を歩きながら、僕と小山さんはどこでこんなに差がついたのだろうと、そんなことばかり考えた。日本の競泳陣は、この小山さんの銀メダルの他に、河合純一さんが銀と銅、鈴木孝幸さんが金と銅をとって、全部で5つのメダルを獲得。

出場するだけで満足のはずだった初めてのパラリンピックで、僕は、メダリストになることの価値を痛感した。出るだけでは、「武器」じゃないんだ。

まさかの受験失敗

パラリンピックから帰国した僕を待ち受けていたのは、学業が本分の身としては逃れられない定期テストだった。

大学受験に向けて周りが勉強に本腰を入れるなか、僕は水泳に集中していたし、合宿や大会で授業に出られないことも多かった。だから、この時の定期テストなんて、どんなにひどい点数をとったとしてもしょうがない。

100点満点の数学のテストで8点を叩き出したとしても、仕方ないのだ。

初めて受け取る1ケタの答案用紙は衝撃だったが、そもそも習っていないのだから、と自分を納得させた。そんな僕のわずかなプライドも、先生による「おかしいなぁ〜。木村君だけ、1学期の範囲からしか出題していないんだけどな」という恐ろしい告白で、無残に打ち砕かれるのだけれど。

水泳云々ではなく、僕は、数学が致命的に苦手らしい。

定期テストでたとえ8点をとろうが、僕は正真正銘パラリンピアンである。

僕には一芸、水泳があるのだ。

模試の結果に一喜一憂するクラスメイトたちには忍びないが、進路は明確。推薦入試で早稲田大学教育学部に進むと決めていた。僕には河合純一さんという絶対的なロールモデルがいて、河合さんが進んだ早稲田以外の選択肢なんてない。それに当時は河合さんだけでなく、「パラ水泳といえば早稲田」といえるほど、早稲田大学出身の選手が多く活躍していた。北京パラリンピックで金銅２つのメダルを獲得した鈴木孝幸さんも、同部屋だった木村潤平さんも早稲田。だから、僕も早稲田に進学する。考えるまでもなく、当然の選択だった。

ところが、いざ進路面談でその話をすると、先生たちはよってたかって、僕の進路設計にいちゃもんをつけてきた。

「早稲田に行って何がしたいの？」

「なぜ教育学部なの？」

「先生になるつもりなの？」

矢継ぎ早に詰問され、僕は面食らった。河合さんが歩んだ道を自分もたどろうとしているのに、なぜ口を出されるのだろうか。僕はもう、早稲田に行くことになっているのだ。それ以外の道なんて考えられないし、考えたこともない。すんなり受験をさせてくれないことに、イライラした。

そんな僕の気持ちを見透かしているかのように、先生は懇々と語りかけてきた。

「河合君とあなたは違う。今のあなたじゃ早稲田に受からないし、そんなんじゃ先生にだってなれない。あなたは、河合君にはなれない。もう一度、自分は何に関心があるのか考えてみなさい」

びっくりするほどの直球が飛んできた。そしてすごく不愉快だった。

僕だって、パラリンピックに出場したという実績がある。高校生ですでにメダリストだった河合さんにはまだおよばないけれど、これからその河合さんを超えようとしているのに、なぜ否定ばかりされるのか。

今思えば、先生たちが言っていたことは至極真っ当で、僕の考えが浅はかだったのは明白だ。でも、当時の僕には〝河合純一さんをたどる以外の道〟がわからなくて、ただ混乱し、いら立ちが募った。

僕には〝早稲田しかない〟のだけれど、なぜ〝早稲田しかない〟のか、先生たちが納得するような理由を持ち合わせていない。先生にわかってほしい、反論して言い負かしたいという気持ちばかりが先に立ち、肝心の〝論〟がなかった。


結局、1ヶ月におよぶ押し問答のような進路面談を経て、早稲田大学教育学部の推薦入試を受けることがようやく決まった。

僕は当然進むべき道を目指せることに安堵し、不合格などという可能性は微塵も考えていなかった。当時の早稲田の推薦入試は、小論文と英語の筆記テスト、そして面接があった。小論文は、国語の原田先生が指導してくれることになった。英語は、早稲田出身というだけで僕の担当にさせられた石井先生。その後僕の英語の実力を知った石井先生は、補習の間、ずっとため息をつくことになる。

とはいえ、何度も言うが、僕には一芸があるから心配無用。一次試験にあたる書類審査をすんなり突破し、「ほらみろ！」という気持ちだった。二次審査の小論文と英語はまぁ、特に手応えはなかったけれど、こんなものは書類審査の段階でもう結果は決まっているのだ。

面接の試験官も、「君が合格したら、我々もぜひ水泳を応援させてもらうよ」と超好感触だった。

ところが、１週間後。僕は、先生たちに不合格の報告をするはめになっていた。合格することを信じて疑わなかった僕は、不合格という現実を簡単に受け入れることができなかった。けれど、先生たちはどうやら、本当に僕は落ちると想定していたらしかった。さらには、その挫折から何かを学んでほしいとさえ、考えていたらしかった。

１ヶ月におよぶ面談の間ずっと厳しかった進路指導の青松先生なんか、「ありゃ！」と言って、なんだかうれしそうですらある。まったく、なんなんだよ。

河合さんと同じ道を歩むことしか考えていなかった僕は、その河合さんとは違う、自分の人生を作っていかなきゃいけないという事実に、絶望した。それこそが、先生方が僕に気づかせたかった「学び」であることなど知る由もなく。

もう、高校卒業後、早稲田大学に進むという同じレールはたどれない。そして追い打ちをかけるように、盲学校ならではのルールが僕の前に立ちはだかった。

僕ら盲学校の生徒が一般入試で大学受験に臨む場合、点字で試験を受けるわけだけれど、それには誰かに入試問題を点訳してもらう必要がある。その作業は、盲学校の先生や、盲学校ＯＢの大学生がやってくれるのだけれど、点字にするのは試験日当日の朝。前日では試験問題が流出してしまうことになるから、当日の早朝４時に大学に出向いて点字に訳すという、恐ろしい労力がかかるのだ。

こういう背景があるから、僕らは慣習的に「記念受験は禁止」だった。模擬試験でC判定以上、つまり、合格の可能性がまぁまぁ高くないと、そもそも受験させてもらえないのだ。

僕も何度か模擬試験は受けていたけれど、推薦で早稲田に行くというのが自分の中で決まっていたから、模擬試験の志望校欄にも平気な顔で「早稲田」と書いて、合格率は余裕で5パーセント以下のE判定。僕が過去に適当に受けた模擬試験で、C判定以上の大学がそもそもなかった。

この状況に、さすがの先生たちも頭を抱えた。「木村、どうするよ?」と言われても、どうすればいいのかこっちが聞きたい。僕も、先生たちも窮地に追い込まれた。

12月初旬。〝C判定ルール〟に阻まれて一般入試の受験資格を持たない僕は、大学に進学するには浪人しなきゃいけないことがほぼ決まっていた。それでもなお、受験できる大学がないのに、僕は「浪人は嫌だ!」とわめいた。

自分の過信によってこれまでのツケがまわってきたのだから、自業自得といえばそれまで。それでも、先生たちはそんな僕を不憫に思ってか、あれこれ動いてくれたようだった。そして、「浪人するにしても、一度受験の雰囲気は味わったほうがよいだろう」ということで、C判定が出ていないのに、なんと1校だけ受験させてもらえることになった。

僕は特例で、日本大学文理学部教育学科を記念受験することが決まった。

そこから僕は、猛勉強を開始した。僕の周りには、模試でC判定が出なかったがために、泣く泣く志望校を変更している同級生が少なからずいた。そんななか、自らの怠慢が招いた結果にも関わらず、特例で受験を許された僕。先生たちへの感謝と同じくらい、同級生への申し訳なさもあって、必死に勉強した。

僕が早稲田の推薦入試に落ち、一般入試に挑むことが決まってからというもの、あれだけ厳しいことばかり言っていた先生たちが、一気に優しくなった。

原田先生には「私の力不足で、申し訳ない」と言われ、胸が痛んだ。

僕の不合格を喜んでいるような節があった青松先生は、僕に補習の時間をたくさん作ってくれた。自身も全盲の青松先生は、今となってはすごく尊敬する人の1人なのだけれど、きっと僕に、一度真剣に勉強してみてほしかったのだと思う。

盲学校はもともと指定校推薦で決まる人も少なくないなか、僕のクラスは優秀な子揃いで、ちゃんと勉強して、推薦枠のない上位の大学を目指している子が多かった。周りが本番に向けて総仕上げに入るなか、僕はようやく受験勉強を始めたばかり。どこから手をつければいいかもわからない愚かな僕に、手を差し伸べてくれる同級生がたくさんいた。みんな、本当は自分の勉強で精一杯なはずなのに、僕が質問すると快く教えてくれて、ありがたかった。そして、同じ方向を向いて頑張る同志として、一段と距離が縮まった感じがして嬉しかった。

僕の遅すぎる受験生活は、大変ながらも意外と快適だった。なにせ僕には、伸びしろしかない。いろんな参考書に手をつけている余裕はないから、1冊の問題集を繰り返し解いて、ほぼ満点をとれるようになっていくのが痛快だった。自分の学力が着実に伸びていることを、日々実感できた。

しかも勉強は、頑張っても体がそれほど辛くない。水泳と違って、ある程度睡眠時間を削っても大丈夫だし、日中に疲れたら、少し昼寝をすれば回復する。スポーツをしている時はまとまった睡眠をとらないとダメで、それができないと全部のバランスが崩れるようなところがあるけれど、勉強はそうではないのだと気づいた。勉強がはかどっている時には深夜まで続けて、疲れたら少し寝て、お腹が空いたら食べる。そんな生活は、なんだかすごく自由に感じた。

そうこうしているうちに、僕の超短期間の受験生活は、あっという間に終わった。

たったの2ヶ月間。他のみんなに比べたらあまりに短いけれど、僕自身は、受験勉強をやりきったという達成感でスッキリしていた。

自信が持てたわけではない。でも、もともとE判定なんだし、これで落ちても仕方ないと思えた。阪神の金本さんだって、一浪しているじゃないか。それでもいいのだ。

肝心の試験の手応えは、全然なかった。今回は、ダメだった時の心の準備ができている。やっぱり、ノーガードでの思いもよらない不合格は辛いよな、とあらためて思う。その可能性を少しでも自分で準備しておけば、ショックはだいぶ軽減されるはずだと、早稲田の推薦入試に失敗した時に僕は学んだ。

当時、日大の合否発表はすごくアナログで、発表の時間以降に電話をかけて受験番号をプッシュすると、音声で合否結果が通知されるというものだった。

受験生活になってからずっと勉強を教えてくれた松田英之君の部屋で、僕はいよいよ電話をかけた。

落ちても仕方ないとは思っていても、この瞬間は、やっぱり緊張する。電話番号を押す指が、少し震えた。そして、しばらくして流れた音声は、合格でも不合格でもない、エラーメッセージだった。その後何度かけ直しても、エラーメッセージが流れるばかりで、一向に結果が出ない。もしかして、「不合格です」というのは可哀想だから、落ちた奴にはエラーメッセージを流しているのだろうか？

そんな気もしたけれど、一応、学部の事務室にも電話してみた。そうしたら、「まだ合格発表の2時間前なので、その時間までは電話してもエラーになります」と言われた。

とんだ赤っ恥だ。優しい松田君がそっと部屋から出て行った。

そして2時間後、何度もエラーメッセージが流れた受話器から、「合格です」という、単純ながら喜びに満ちた言葉を、僕は聞くことができた。

E判定からの、大逆転。どうやら、浪人しなくて済むらしい。先生たちに報告すると、「なんだかんだ、お前はしぶといなぁ」と喜んでくれた。かくして僕は、小さな盲学校の社会から、日本一のマンモス大学へと進学することが決まったのだった。

Column-2

便利になればなるほど、不便なもの

「なぞなぞ」のようなタイトルだけれども、大真面目な話だ。

僕たちの世代は特に、子供から大人になるまでの間、テクノロジーの進歩とともに歩んできた。より簡単に、より気軽に、より短時間で、あらゆることができるようになった。世の中は、どんどん便利になっていった。多くの人々にとっては。

そう、多くの人々にとっては便利なものが、目が見えない僕たちからすると、かなりの難敵になる場合がある。その最たる例が、タッチパネルだ。画面に触れるだけで操作ができるタッチパネルは、凹凸がないから触れても何もなく、僕にとってはただの板だ。どこを押せばいいのかが、まったくわからない。それに、押したところで感覚もない。正しく押せているのか、はたまた押せていないのか、それすらもわからない。銀行のＡＴＭ、駅の券売機、焼肉屋さんの注文タブレット。もはや世の中、難敵だらけだ。

アメリカのカジノに行った時なんて、スロットマシーンまでタッチパネルだった。僕は、数字を揃えられるか否かのスリリングな感覚を味わえるわけでもなく、ただ、闇雲にタッチパネルを叩くだけ。何も面白くない。それでもこの時、なんと５ドルが１５０ドルになった。圧倒的ビギナーズラック！　面白くはなかったけれど、得をした。何かを得るのに、多少の不条理はつきものだ。総じて人生とはそういうものだろうと、その時僕は、妙に納得した。

そんな僕も、今ではスマホユーザーだ。初対面の方には、驚かれることが多い。５年前まではいわゆる〝ガラケー〟を使い、スマホなんて僕には絶対に無理だと思っていたけれど、デビューすると意外なほど快適だった。画面に表示される情報は、基本的に音声で読み上げてくれるし、文字を打つのも、慣れるとそんなに難しくない。それに最近は、生活を助けてくれる便利なアプリもたくさんある。

例えば、スマホで写真を撮影すると、それが何色で、何が書いてあるかを判別してくれるアプリ。写真に映っている人が、だいたい何歳くらいかを判別してくれるアプリ（これは、少し若めに判別される）。映画館で、今どのようなシーンなのかを音声で解説してくれるアプリ。それから、電子書籍にもすごく助けられている。ダウンロードしてしまえば、スマホが読み上げてくれる。

ただ、アナログ人間の僕は、まだデジタルを信じ切れていない。やっぱり最後に信じられるのは人だと思っている。こうした技術力は素晴らしいけれども、テレビ電話をかけ、家族や知人に判別したいものを実際に見せて教えてもらうのが、一番安心する。店の品物も、バーコードを読み取るアプリを入れていれば商品を判別できるけれど、いちいちバーコードを読み取るより、近くにいる人に聞いたほうが確実に早い。

そんなわけで、あらゆるものが自動化され、人の代わりにロボットが活躍するようになるであろう未来を想像すると、少々しんどさを感じてしまう。スーパーのセルフレジは、もうずいぶん増えたような気がするし、無人の店舗も存在するらしい。それはなんだか、嫌だ。そこまで、人と関わらずに生きていくのはなんだかつまらない気がする。「せっかく同じ時代に生まれたんだから、もっと一緒に話しませんか?」と本気で思う。

自動といえば、自動販売機もかなりの強敵だ。飲み物のボトルや缶は、特徴的な形のものが多いので、お店に陳列されているものであれば、触ってなんとなく理解することができる。でも、自動販売機だとそうはいかない。何が出てくるのかがまったくわからない。それはそれで、ワクワクして楽しい時もあるのだけれど。

そういえば、昔、千円札でジュースを買ったらおつりが切れていて、1本千円の高級ジュースになってしまったことがあった。何も教えてくれない自動販売機を、心から憎んだ。最近なんて、タッチパネルの自動販売機まで存在する。強敵と強敵が手を組み、目当ての飲み物は絶対買わせないとばかりに、僕の前に立ちはだかっている。

一方で、自動化されて初めて、僕たちにもできるようになるかもしれないこともある。車の自動運転。僕はその実現を、すごく楽しみにしている。僕の運転する車に乗ってくれる勇者がいるかどうかは、また別の話だけれど。

第3章

大学生時代

メダリストになった僕

恐怖の大学進学

「滋賀県出身の木村敬一です。筑波大学附属視覚特別支援学校から来ました。目が見えないので、見かけたら声をかけてください。よろしくお願いします」

２００９年春。僕は、並々ならぬ覚悟でこの時を迎えた。

幼稚園から高校までの14年間、盲学校という守られた世界で過ごした僕が、一般の大学に進学する。大きな、大きなチャレンジだ。

〝見えないのが当たり前〟の世界から、〝見えるのが当たり前〟の世界へ出て行くことは、ものすごく怖い。自分が圧倒的マイノリティになる世界でうまく振る舞えるのか、自信はまるでなかった。

実際、高校の先輩のなかには、大学にまったく馴染めず、一人も友達ができないまま退学する人も少なくなかった。その可能性はもちろん、僕にだってあるわけだ。

僕が進学した日本大学文理学部教育学科には、約１３０人の同級生がいた。入学早々、僕たち新入生のために、文理学部では学科ごとにちょっとしたパーティーが予定されていて、学食を貸し切りにして同じ学科の先輩や同級生と親睦を深めたり、先輩がキャンパス内を案内してくれたりするらしかった。これから4年間、一緒に学ぶことになる同級生たちと、初めて顔を合わせる時間。なんでも最初が肝心というし、第一印象は重要だ。かといって、変に狙いすぎて悪目立ちしたら……。〝一人も友達ができない大学生活〟だけは、なんとしても避けたい。けれども、健常者ばかりの空間に身を置くのは、小学校の頃に億劫だったあのイベント以来。どうやって振る舞うのが自然なんだろう。キャンパスまでの道すがら、ぐるぐる、ぐるぐる、頭の中でそんなことばかり考えた。よさそうな答えがちっとも思い浮かばないまま、あっという間に着いてしまった。

その日の集合時間は午前9時。気合いが入りすぎて8時8分に到着した僕は、もちろん、新入生で一番乗りだった。

同級生は3つのクラスに分けられ、まずはクラスごとに自己紹介の時間がとられた。

みんな、出身地や出身校、どの教科の教員を目指しているかなど、無難な自己紹介をしている。聞いていると、日大の付属校から来た子が結構多いことに驚く。そういう子たちはきっと、すでに高校からのコミュニティができているんだろうな。上京して中学校に入学した時もそうだったけれど、北海道から沖縄まで、その時以上に全国各地から学生が集まっていた。自己紹介の短い話のなかでも、言葉のアクセントやイントネーションから地元の気配を感じられて面白い。いかにも緊張しているような震えた声の子もいれば、ずいぶん堂々としている子もいた。

そうこうしている間に、あっという間に僕の順番が来た。そっと立ち上がる。

「目が見えない」と伝えたこと以外は、他の子と変わらない、ごくありきたりな自己紹介をした。「去年、パラリンピックに出ました」と言えば印象に残るかもしれないとも思ったけれど、わざわざ自分から言うのはなんだか痛い奴だと思われそうで、やめておいた。40人いるクラスの1人として、僕の自己紹介は何事もなく過ぎ去ったと思う。

実際、僕がパラリンピックに出ていたことをみんなが知ることになったのは、出会ってから数ヶ月経った後のこと。パソコンの講義があり、暇な奴らが自分の名前をエゴサーチして遊んでいた時だった。そのなかの一人が、「よし、木村の名前も調べてやろう」と言って僕の名前を検索し、「なんか、パラリンピックに出てる同姓同名の選手がいるぞ!」と言ってきたのだ。

「それ、俺だけど」と僕が言った時のみんなの驚きようとざわめきは、少し心地よかった。

＊＊＊

みんなの自己紹介を聞いて、何人か面白そうだと思った子がいたのだけれど、まだ頼れる友達もいない僕は、自力でその子にたどり着くことができない。

きっと、その場にいた誰よりも強いくらい「友達が欲しい」という気持ちがあったのに、思うばかりで、行動に移せない。自分の無力さがもどかしかった。

見えない者同士だったら、話さないことには何も始まらない。それ自体は、周りが見えている人に変わっても同じだと思うけれど、やみくもに話しかけて、必死そうに見られるのも嫌だった。気持ちばかりが先走って、行動できない自分に焦る。

それに誤算だったのが、視覚障害者というマイノリティであるはずの僕に対して、誰も話しかけてこないことだった。健常者の集団の中にぽつんと僕が入ったら、それだけで少し特別で、目立てることだと思っていたのだけれど、誰も僕に興味はないらしい。

これでは、僕の存在は埋もれてしまう。

待っているだけではダメだと思い知らされた僕は、その後場所を移して学食で開かれるパーティーで、絶対にアクションを起こすのだと決めた。このままでは、１人も友達のいない大学生活が始まってしまう。

１人でいいから、必ずメールアドレスを聞いて帰る。

この日の僕の目標が決まった。


熱気と、喧騒。

学食はかなり広いようで、無数の人の気配であふれていた。あちらこちらで繰り広げられるおしゃべりが、巨大な波のようにざわめきとなって押し寄せてくる。居心地が悪い。

案内されるがままにたどり着いた席に座ると、両隣にも同級生と思しき人が座った。左隣のほうでは、高校の同級生だった２人がそれぞれ１浪してなんとこの場で再会したらしく、ちょっとドラマチックな展開に大盛り上がり。僕が割って入る余地はなさそうだった。右隣のほうは、たしかに人の気配はあるけれど、一切言葉を発していなくて、男か女かもわからない。でも、他に選択肢もないし、とりあえず話しかけてみた。

「ねぇねぇ、僕は木村っていうんだけど、君は?」

「あぁ。僕は尾形」

「尾形君か……」

「うん、よろしく。木村君って、水泳やってるんだよね?」

「え、うん。そうだけど、なんで知ってるの?」

「さっき、キャンパスを案内してくれた先輩が言ってたんだ。『木村君は水泳をやっているんだよ』って。僕も高校の時は水泳部で、大学では水泳サークルに入ろうと思ってるんだよね」

「え、そうなんだ!」


たまたま話しかけたのは、福島県にある付属校出身の尾形頌紀君という子だった。なんだかいい奴そうだし、ラッキーなことに水泳という共通点も見つかった。僕はこの尾形君を絶対逃すまいと思って、ひとしきり話した後、メールアドレスの交換を申し出た。


「あ、そうだ。よかったらメアド教えてよ」

「うん。どうすればいい?」

「赤外線で」

「わかった。じゃあちょっと携帯貸して」

大学１人目のアドレスゲット。

少し、ホッとした。

この尾形君をはじめ、比較的すぐ、僕には友達と呼べる存在が何人かできた。クラスの中心になるような、目立つタイプの子がいるグループではないけれど、みんないい奴で、居心地は悪くなかった。

それでも、僕は盲学校という狭い世界の中では常に中心にいたから、派手なグループに憧れる気持ちも、少しだけ残っていた。

初めてできた健常者の友達は、高校までの視覚障害のある友達とは、全然違う。

それが顕著なのは、会話だ。健常者同士の会話は、あまり説明をしなくても話が通じて、どんどん会話が展開されていくことに驚いた。僕の家族や盲学校の先生たちは、見えない僕にもわかるように意識して話してくれていたのだと、初めて気がついた。大学の友達の会話はテンポが速く、すぐ話題が変わるし、きっと今、身振り手振りをしながら話しているんだろうなと思うことも多い。

僕はどうにか話についていけるように、頭をフル回転させ、想像を膨らませながら話を聞いた。

正直、友達同士の会話であれば、健常者よりも、視覚障害者同士のほうがよほど話しやすい。

まず厄介なのが、健常者だと全然話を聞いていなくても、いかにも聞いているような返事ができてしまうことだ。視覚障害者であれば、携帯電話を触っている時には音声を聞くことに意識を集中させているから、話しかけても返事すらない。だから「あ、今は全然聞いてないな」とわかるのだけれど、見えていると、ＬＩＮＥを返したりＳＮＳを見たりしながらでも、それらしい返事ができちゃうわけだ。

最初の頃、僕はこれに気づかず、「見える人って、全然話を聞いていないんだ」といつも思っていた。何度も同じことを話さなくて済むように、確実に相手の注意が僕に向いているかどうか、タイミングを見る力はどんどん磨かれていったかもしれない。

大学に入ってから、それまでは寺西君というジャイアンの隣にいる〝スネ夫ポジション〟だった僕のキャラクターが、だいぶ変わった。というより、変わらざるを得なかった。

高校生まで、僕はどちらかといえば輪の中心にいることが多かったと思う。それが大学では、存在感の薄い傍観者になっていった。図らずも控えめな性格になってしまった僕は、どうにか盲学校時代のような中心人物に戻りたかったけれど、そもそも学生の母数が全然違うし、どうすればまた自分が中心になれるのかなんて、全然わからなかった。それに、僕が場を回す側になるのは、なんだかすごく不自然な気もした。

水泳サークルの仲間たち

僕が進学した日本大学は、実は水泳の超名門校だ。競泳だけでなく、飛込、水球、アーティスティックスイミングもあわせて、これまでに１００人以上のオリンピック選手を輩出している。

僕も、受験の段階から日大の水泳部が強いことは知っていたけれど、僕が籍を置くことになったのは大学の水泳部ではなく、文理学部の水泳サークルだ。パラリンピックに出場しているとはいえ、水泳部の選手たちと僕のタイム差はそれなりに大きく、一緒に練習していくのは難しいという判断だった。

その判断については、そりゃあそうだよなと思えたし、なぜ自分は水泳部に入れないのかという悔しさみたいなものはなかった。今でこそ、パラ競技の選手がスポーツ推薦で大学に行ったり、体育会で一緒に練習することも珍しくなくなったけれど、当時そんな環境で練習できている選手はかなり少数派だった。

実際に、僕が進学する気満々だった早稲田大学も、受験した教育学部があるキャンパスと水泳部が活動しているキャンパスはかなり離れていた。合格しても、水泳部の選手たちと一緒に泳ぐことはまずなかったと思う。

だから、高校時代にインターハイ出場経験があるような選手も多くいる文理学部の水泳サークルは、結果的に理想的な環境だった。普段から、自分よりも速く泳げる選手たちと一緒に練習できるというのは、ありがたい。

水泳サークルに入れると決まったのは、まだ入学する前の3月のこと。僕のために、日本パラ水泳連盟の方々や寺西先生がいろんな選択肢を探してくれたなかで、一度、文理学部の水泳サークルの練習に参加させてもらえることになった。

それには、もちろん僕が雰囲気を味わうという目的もあったけれど、サークル側が、果たして僕を受け入れられるのかを判断する場でもあったと思う。

初めて水泳サークルに顔を出した日は、寺西先生に付き添ってもらい、在校生の練習に混ざって一緒に泳いだ。僕がどの程度まっすぐ泳げるのか、どこまで1人でできるのかを見られていたみたいだ。

僕のように目が見えない選手は、コースロープに手が当たる感覚を頼りに、進む方向を微調整しながら泳ぐ。試合の時には、ターン地点とゴール地点にそれぞれ「タッパー」とよばれる人がついて、壁に着く直前に、泳いでいる選手の体を長い棒でタップして距離を知らせてくれる。普段の練習では、水をかく回数を自分で数えて、壁までの距離を頭に入れながら泳いでいるのだけれど、どうしても、壁際に近づくにつれて減速することになる。数え間違えて思ったより早く壁に当たり、突き指をすることだって珍しくない。

でも最悪なのは、タッパーがいるからと思って全力で泳いでいるのに、タイミングが合わずにタッピングを失敗される時だ。自分1人であれば、かく回数を数えながら少しはセーブして泳ぐけれど、全力で泳ぐためにタッパーがいるわけで、減速せずに壁に激突することになるのだから、そりゃあ痛いに決まっている。

僕も一度、バタフライを全力で泳いでいる時にタッピングミスで頭から壁に突っ込んで、おでこを割ったことがある。その後しばらくはイップスのような状態になり、怖くて全力で泳ぐことができなくなった。全身に電流が走るような痛みで、思い出すだけでゾッとする。今でも、その傷跡は残っている。

そういう意味では、健常者にはない危険が、僕たちには常につきまとっているといえるかもしれない。危険性もそうだし、トップ選手は最後、ゴールまでの距離を確認しながら手をかく強さや腕の伸ばし方を調整してタイムを削るわけだから、それができないのは記録の面で大きなハンデになる。


特に何も意識することなく、普段の練習でやっているように一通り泳いでプールから上がると、水泳サークルの新３年生になる先輩が数人やってきた。

「木村君、お疲れさま。じゃあ、４月からは、うちで一緒にやろうか」

当時、そもそも体験を経てサークルに入ることを拒まれる可能性があるとは思っていなかったわけだけれど、それでも、自分がこの先水泳を続けていく環境が無事決まったことに、僕は安心した。

こうして、パラリンピック選手としては異例の、大学の健常者の水泳サークルで競技を続けるという道を、僕は進むことになった。

＊＊＊

ずっと、水泳は孤独なスポーツだと思っていたけれど、その考えは大学生になって変わった。水泳サークルには40人ほど在籍していて、大人数での練習はそれだけで面白かったし、僕は初めて、仲間の存在を意識した。

「仲間がいるから頑張れる」なんて、漫画のなかの世界のことだと思っていたけれど、本当にあることなのかもしれない。そう思えた。とにかく、毎日泳ぐのが楽しかった。

普段の練習は泳力別に3班に分かれていて、僕のポジションは一番上のレベルの班の、中の下のほう。サークル活動は平日4日だったけれど、実力のある先輩たちはそれとは別に、授業の合間にも泳いでいると知り、僕も頼み込んで、1年生からその練習に参加させてもらった。自分以外にもたくさん選手がいるという環境は、やはり気合いが入る。充実した練習環境に、すごく満足していた。授業の合間にも泳いでいる先輩たちはみんな僕よりも速くて、1年生の僕は可愛がってもらえた。

大学に入ってからの水泳は、すこぶる順調。記録もどんどん伸びて、その頃には「ロンドン大会でメダルをとる」と周りに言えるようになっていた。

下高井戸での新生活

大学進学を機に、僕は12年間におよんだ寄宿舎生活を卒業して、一人暮らしを始めた。門限も、就寝時間も、朝の掃除もない自由な生活は夢のようだったけれど、いざ一人暮らしを始めて3日もすると、にぎやかだった寄宿舎生活が恋しくなった。寮の就寝時間は午後10時だったから、毎晩9時半を過ぎると少し焦ったりして、「なんだ、別に焦らなくても大丈夫だったわ」と我に返る瞬間が余計に寂しさを増長させる。

あんなに楽しみにしていた一人暮らしが、こんなにも寂しいなんて。中学高校の6年間を同じ寄宿舎で過ごし、もはや友達というより家族の域に達していた盲学校の同級生たちが、いかにかけがえのない存在だったのかを思い知った。

僕が初めての一人暮らしをスタートさせた下高井戸は、昔から住んでいる方が多く、現代にしてはずいぶん地域の人々の関わりが密接で、温かい街だったと思う。

近所のおじさんやおばさんに、僕はずいぶん助けられた。八百屋のおじさんは、僕が店の前を通るたびに声をかけてくれたし、野菜を買った時はいつもサービスしてくれた。おじさんは大学時代にはインカレに出場していたような競泳選手で、僕が水泳をやっていることに気づいてからは、ことさら応援してくれた。よくお世話になった定食屋のおばあちゃんも、後から聞いた話だと戦後間もない日本のトップスイマーだったらしく、不思議な縁を感じた。

よく、「一人暮らしをしている」と言うと驚かれるのだけれど、普段の生活で困ることはほとんどなかった。基本的な料理は高校で習っていたから、そもそも自炊することに抵抗はない。それに、学生街ということで近所には安くてうまい店がたくさんあったから、作る気分になれない時は、出かければよかった。

スーパーで買い物をする時には、入ってすぐに店員さんに声をかけ、買い物を手伝ってほしいと伝え、目当てのものの売り場まで連れて行ってもらう。鶏肉と片栗粉を買って、「何を作るの？」と尋ねられ、「唐揚げ」と答えてレジのおばちゃんを仰天させたこともあった。その時は、「揚げ焼きにしておきなさい！」というアドバイスをもらい、少量の油で初めて唐揚げを作ってみたけれど、やっぱり、揚げ物料理というのはなかなかスリリングな経験だった。「唐揚げ作ったんだよね」と言えたら結構かっこいいかなと思ったけれど、それきり二度と挑戦する気にはなれていない。

食事に関して唯一困ることといえば、買った食材の賞味期限がわからないことだ。においと、実際に食べてみて確かめるしかないから、下手をすると腹をくだす。だから、基本的に買い置きはせず、自炊のたびに食材を買うようにしていた。厄介なのは調味料類で、親や友達が家に来た時に冷蔵庫を覗き、「うわっ、このマヨネーズの賞味期限、半年前だよ」なんて言われることもあった。そんなことを言われると、とたんに腹が痛いような気がしてくるから不思議だ。知らないほうがいい事実もあるから、そういう時はそっと処分してほしい。

洗濯はマメにやっていたけれど、僕自身は全然きれい好きではないし、正直、直接肌に触れることがない部分が汚れていても気にならない。僕にとっては、見えないものはないものと同じ。部屋の隅や家具の上にホコリが溜まっていたとしても、目につくわけではないから、どうでもいいのだ。だからといってはなんだけど、掃除らしい掃除は全然していなかった。

一方、見えなくても、気配を感じるだけで不快になる存在もある。世にも恐ろしい見た目をしているという噂の、ゴキブリだ。

部屋の中でカサカサ物音がすることがあって、直感的に「こいつはゴキブリに違いない」とピンと来た僕は、どこにいるかわからない奴に戦いを挑むわけにもいかず、大学の友達に頼んでゴキブリホイホイを設置してもらった。後日、無事捕獲に成功し、この時は特に接触せずに済んだのだけれど、一度だけ、公共のプールの更衣室で、図らずも奴に触れたことがある。「おい！　今お前が触ったのはゴキブリだぞ！」と言われた時には、ゾクゾクと全身の身の毛がよだつのを感じた。

大学まで歩いて10分もかからない場所にあった僕の家は、すぐに同級生の溜まり場になった。入学直後こそ、一人暮らしの寂しさを感じることもあったけれど、幸い、恐れていた一人ぼっちの大学生活にはならず、毎日のように友達が遊びに来た。

大学生になったばかりでハイになっていた僕たちは、何をするわけでもなく騒ぎまくり、僕が住み始めて間もなく、アパートには「他の住民の迷惑になるような行動はやめましょう」という貼り紙が出された。

とはいっても、遊びに来た友達が「貼り紙がある」と教えてくれなければ、僕が貼り紙の存在を知ることはない。その事実が、なんだかおかしかった。

ほとんど順調な一人暮らしだったけれど、大学1年生の夏休み、水泳サークルの合宿から帰って新型インフルエンザを発症した時は、辛かった。

初めて新型インフルエンザが流行した年で、茨城での合宿中に、先輩一人が発症して、合宿は途中で打ち切り。その先輩と同じコースで泳いでいた僕もヤバいかもしれないなと思っていたら、悪い予感は的中した。

サークル仲間と一緒に、新型インフルエンザの感染者が出てしまったことを学校に報告しに行き、職員の方から「あなたたちも気をつけてね」と言われた翌日のことだった。

真夏なのに、震えるほどの寒さで目が覚める。体が、鉛のように重い。朦朧としつつある意識のなかでも「あぁ、俺も新型インフルエンザにかかったんだな」ということだけは、一瞬で悟った。あらゆる関節が痛み、体を起こすことも辛い。

とりあえず、病院に行かなきゃ。でも、一人暮らしを始めてからまだ病院にかかったことがないから、病院探しからしなきゃいけない。絶望的な気分になった僕は、とりあえず尾形君に助けを求めようと、近所で一人暮らしをしている彼に電話をかけた。

「あ、もしもし、尾形？　わりぃ、俺もインフルかかってたみたいでさ……」

「マジか、俺もだよ……」

「え、お前もなの⁉」

「うん、朝からだるくてさ、さっき熱を測ったら39度あった。絶対インフルだよな」

「それはアウトやな。大丈夫？」

「なんとか。お前は？」

「俺も同じような感じ。体温計がないから測ってないけど、確実に熱あると思う」

「どうする？　病院、行ったほうがいいよな？」

「うん、それで尾形に助けてもらおうと思ったんだけど、まさかの〝おそろい〟か(笑)」

「そういうことだ。助けてやれなくて悪いけど、ちゃんと病院行けよ」

「うん、お前もお大事にな」

「ありがとう。木村も、お大事に」

なんと、頼みの綱の尾形君も時を同じくして発症していた。これはもう、自力でなんとかするしかない。インターネットで、とにかく一番近そうな病院を探す。いつもなら評判もチェックするところだけれど、そんな余裕はなかった。

携帯電話と数分格闘した結果、一番近いのは「吉川内科」というクリニックらしい。もうそこでいいやと思い、アパートまでタクシーをよんだ。どうにかTシャツを着替えて、重い体を起こして玄関を出る。

「すみません、吉川内科までお願いします」

「え！　……はい、吉川内科ですね」

タクシーの運転手さんの様子がちょっとおかしかったけど、構っていられない。なんでもいいから、早く着いてくれ。

そんな僕の願いが届いたのか、なんと出発から40秒ほどで「お客さん、着きましたよ」と言われた。一番近い病院を探したのは自分だけど、まさかここまで近いとは……。歩いても、3分くらいで着きそうな場所だった。どうりで、行き先を告げた時に運転手さんが驚いていたわけだ。心の中で、運転手さんに詫びる。

吉川内科では、先生にも看護師さんにもすごく優しく出迎えられて、僕はそれだけで少し回復した。

やっぱり、具合が悪い上に孤独だったことが辛かったんだな。タミフルを処方され、すぐに飲んで１時間ほど病院で寝かせてもらうと、すっかり熱も下がって元気になった。帰りは、自分で歩けそうだ。看護師さんにお礼を言い、病院を出る。

「おかげさまで、かなり元気になりました。ありがとうございました」

「よかったです。お大事にしてくださいね。あ、タクシー、よんでおきましたからね」

そうか、そうだよな。僕がタクシーに乗って来院したのを見ていた看護師さんは、気を利かせて、しっかり帰りのタクシーを手配してくれていた。その心遣いを、無下にするわけにもいかない。僕は、また40秒の道のりをタクシーで帰宅した。

＊＊＊

一方、学生の本分である学業のほうはどうだったかというと、大学の講義に思っていたほどの衝撃はなく、ついていけなくてどうしようもない、なんてことはなかった。

一応、どの講義も初回には教授のところへ挨拶に行き、「板書を読み上げてもらえると助かる」「プリントを配る時には、データをメールで送ってほしい」といったお願いをした。教授たちは僕のお願いをすんなり受け入れてくれて、とてもありがたかった。

それと引き換えに、僕は確実に教授に顔を覚えられてしまうから、サボるとすぐバレる。だから、ちゃんと講義には出席しなければならなかった。

大学でできた友達第1号の尾形君とは、履修科目がほとんど被っていて一緒に講義に出ることも多かった。講義中に回ってきた出席簿に僕の分も丸をつけてくれたり、教授が読み上げ忘れた板書の内容を教えてくれたり、当たり前のようにサポートしてくれて、やっぱり、いい奴だった。

こんなふうに伝えると、なんだかすごく真面目で立派な大学生のようだけれど、そりゃあ、僕だってたまには睡魔に襲われることもあった。というか、正直にいえば、ほぼいつも寝ていた。

僕は人に見られているという意識がない分、尾形君や他の友達から見ると、かなり大胆に寝ているらしい。でも、「木村は寝ていても、起きてるっぽく見えるよ」というよくわからない尾形君の言葉を鵜呑みにして、僕は堂々と寝続けた。

教授たちには申し訳ないけれど、大学生なんて、そんなものだよね。

学業に大きく関わる話として、「講義で使う教科書はどうしているのか」という疑問を持った人もいるかもしれない。

実は、日大の文理学部にはもともと盲学校の指定校推薦枠がある。僕が進学した教育学科としては、視覚障害者の受け入れは初めてだということだったけれど、学部としては、視覚障害者の学生が進学してくることがきちんと想定されていた。教務課が点訳ボランティアの団体と提携していて、講義で必要な教科書を本屋さんで買って持っていくと、1ヶ月ほどで点訳してもらえる。

当時はすでに点字のエディターツールがあって、点訳された教科書は紙ではなく、電子データとして受け取っていた。入学後に、ディスプレイのない点字のパソコンを僕に支給してくれて、普段の講義はそれを持ち歩いていれば事足りた。

「ディスプレイのないパソコン」といってもあまりピンとこないかもしれないけれど、キーボード部分の手前に一列、文字情報を触って読めるように点字が浮き上がるスペースがあり、そこを指でなぞりながら情報を読み取る。大学に入って初めてそのパソコンを手にした僕は、母校の盲学校へ操作方法を教えてもらいに行き、徐々に使いこなせるようになった。

＊＊＊

ある程度大学生活に慣れると、僕は交友関係を広げることに貪欲になった。

教育学科の同級生や、水泳サークルにちゃんと僕の居場所はあって、それはそれでよかったのだけれど、「よりイケてる集団と仲よくなってやるぞ」という謎の向上心のようなものが、むくむくと沸き上がってきたのだ。

僕や尾形君は社会科の教員を目指していて、そうなると自然と履修科目は被るものなのだけれど、2年生になると、僕は教育学科の学生があまりとらないような講義も履修することによって、交友関係を広げる作戦に出た。

講義の多くは、最初の講義の時に、教授から配られた紙に学生が自分の名前を記入して提出するという作業が必要になる。それを元に、教授は学生の人数を把握し、名簿を作成したりするのだけれど、その時僕は、自分の隣の席の人に名前を伝え、代わりに書いてもらわないといけない。

逆に、隣の席に座った人とは必ず話すチャンスがあるということだ。いろんな講義を履修すれば、そのなかで1人や2人、たまたま隣の席に座っていたのが他学科のかわいい同級生、ということだってあるかもしれない。そんな淡い期待を胸に、僕はあらゆる講義に顔を出した。


これまでの流れで、もうなんとなくわかっている人もいるかもしれないけれど、僕のこの作戦は、悲しいかな、見事に惨敗することになる。

そもそも冷静に考えてみれば、他学科は他学科ですでに彼らのコミュニティができているわけで、教育学科の僕が突如顔を出したところで、入り込む余地なんてないのだ。

隣の席にどんな人が座っているかは、甘い香りがしたりしてなんとなく女の子かなと想像できることもあれば、話しかけて返事が来るまで、まったく予想できないことも多かった。

一番衝撃的だったのは、「鎌倉学」というニッチな講義。鎌倉学というくらいなのだから、一度くらいは校外学習として鎌倉に行きそうだなという淡い期待もあった。普段の講義で顔見知りになっておき、鎌倉で距離を縮める。そんな理想的な展開もあり得そうに思えて、わくわくしながら最初の講義を受けた。

しかし、いざ、「僕は目が見えないので、代わりに書いてもらえますか?」と隣の席の人に話しかけると、「いいですよ」と返ってきたのは、かすれたおじいちゃんの声。

文理学部の講義は、一部が地域の方々にも開放されていて、老いてもなお知的好奇心あふれる立派なおじいちゃんが出席していたのだった。

そんなこんなでほぼハズレばかりだったのだけれど、いろんな講義に顔を出してアタリハズレに一喜一憂するのも、結構楽しかった。

2回目のパラリンピック

２０１２年。ロンドンパラリンピックの年には、僕はもう、出場できるか否かの当落線上にいるような選手ではなくなっていた。

大学に進学してからの競技生活はすごく順調で、ロンドンではメダルをとるのだと明言していたし、実際、自分はメダリストになれるレベルまできているという自信もあった。大学2年生で出場した世界選手権で4つの銅メダルをとったあたりから、僕は、日本のパラ競泳チームの1軍にいたと思う。

それでも、練習拠点である大学のプールが使えなくなる春休みの時期には、練習させてもらえるプールを自ら探さなければならないのが、当時のパラ選手の宿命だった。

あらゆるツテを頼って、ひたすら電話をかける。オリンピック選手であれば、国立施設のプールを自由に使えたはずだけれど、パラリンピックの選手にはそこまでの環境は整っておらず、僕たちが自ら練習環境を手配するのは当たり前のことだった。

プール探しは難航することも多かったけれど、あちこちに電話して一生懸命練習スケジュールを埋めていく作業は、決して苦ではなかった。スケジュールを埋めていくのは楽しくて、高校や地域のスポーツセンターのプールを借り、大学のプールが閉まっている間も週に5日は泳ぐことができた。

1回の練習はだいたい2時間で、基本は1人。練習の時、コーチはいないのが当たり前だ。指導者は変わらず寺西先生だったけれど、2週間に一度くらいのペースで盲学校の部活に顔を出し、そこで技術的な相談をするような感じだった。基本は、自分でメニューを考えて練習に取り組む。

ただ、1人で考える練習にも限界を感じ、3年生からは大学の体育学科でも指導にあたっている野口智博先生に頼んで、週に一度ウエイトトレーニングを見てもらうことにした。それまではウエイトトレーニングも先輩や同期と自己流の遊び半分で取り組んでいただけだったけれど、確実にメダルをとるために、本格的にフィジカルを強化したいと考えたからだ。

野口先生とトレーニングをするようになってから、だんだんと持ち上げられる重量が増えていくのが面白くて、僕は夢中になって打ち込んだ。野口先生は競泳界では知らない人がいないすごい先生だけれども、学生とすごくフラットに接してくれる人で、その頃はお互いにトレーニングを楽しんでいるような感じだった。

＊＊＊

5月。いざ正式に代表入りが決まると、大学の友達やサークル仲間が思いのほか喜んでくれた。今回はパラリンピックには行けて当たり前だと思っていたし、落選するわけがなかったから、僕自身は「そんなに喜ばんでも、そりゃあ行くわい」と内心感じていたのだけれど。

それでも、喜んでもらえるのは、やはりありがたい。

さらに、翌月には開会式での旗手という大役を仰せつかった。最初はそれほど名誉なことだと思わなかったけれど、旗手だからという理由で一気に取材されることが増えた。僕が一緒に取材を受けていたのは、他の競技の金メダリストが多かったから、なるほど旗手というのはなかなか重要な任務らしいと、そこでようやく理解した。

ほとんど時差がなかった北京大会とは異なり、ロンドン大会は時差による体調の調整も必要で、大会2週間前にはロンドン近郊のバジルドンという村に入った。

その時からパラリンピック閉幕までずっと、僕は北京で銀メダルをとった小山さんと2人部屋で過ごすことになる。北京では差がついてしまったけれど、その後僕は国際大会で表彰台に上がる機会も多くなり、実力としては、小山さんと拮抗しているといえるほどに追いついたと思う。もともと障害のクラスが異なることもあり、この頃にはライバルだという感覚はなく、互いに自信もあって、刺激しあえるよい関係だった。

そんな僕が猛烈に意識していたのは、中学生の頃から目標にしてきた河合さんだ。当時、河合さんはすでに37歳で、僕は伸び盛りの大学生。この年齢差で、もう河合さんに負けてはいけないと思った。

僕の本命種目は、50メートル自由形。ロンドンでもっともメダル獲得の可能性が高く、その年の3月まで世界ランク3位にいた種目だ。ところが、いざロンドン大会が目前に迫った6月、突如、僕の上に聞き覚えのない選手が割って入ってきて、僕の順位が落ちた。

ブラッドリー・スナイダー。

アメリカ代表の選手だった。

パラ水泳は、障害の程度によってクラスが分けられ、同等の障害を持つ人同士で競うのだけれど、視覚障害の部門ではもともと弱視だった選手の症状が悪化して、全盲のクラスに変わるということがよくある。

基本的には、もともと目が見えていた選手のほうが速く泳げるし、スナイダーも、視力が悪化したパターンの選手だと思った。ところが、彼についてよくよく調べると、前年まではアメリカの海軍にいた軍人らしい。

彼はアフガニスタンに駐留している時に爆弾の爆発に巻き込まれて視力を失った。そこから、わずか1年でパラ水泳のトップレベルに割って入ってくるのだから、まったく、とんでもない精神力だ。アメリカという国において、軍人のステータスはとても高いと聞いたことがある。いわば彼は、アメリカのスーパーエリートだ。その舞台から引きずり降ろされ、でもすぐに気持ちを切り替え、今までは戦場で国のために闘っていたのを、今度はパラリンピックという舞台で星条旗を掲げて闘う。その美しすぎる転身と前向きな姿勢に、僕は敵ながら恐れ入った。

パラリンピックの起源が、傷痍軍人のリハビリにあるという事実は知っていた。でも、僕のような日本人にとって戦争は遠い存在で、良くも悪くも平和ボケしていると思う。

僕が参加し、闘う舞台にはいろんなバックボーンをかかえた人たちがいる。文字通り、血と汗と涙を流した人たちが集まっているのだと思うと、今更ながら感慨深かった。

本命の50メートル自由形は、僕にとっての2種目めだった。最初の種目、１００メートル自由形のレースはちっとも緊張しなかったのに、打って変わって食事が喉を通らなくなるほどの重圧を感じた。トップアスリートのなかには、「自分は緊張したことがない」というような選手もたまにいるけれど、僕はいつも、レース前はそれなりに緊張している。

遡ること2年、思えば、２０１０年の世界選手権１００メートル平泳ぎの時も、僕はそれまでに感じたことがないような重圧に押しつぶされそうになっていた。その時は、何がなんでも2位以内に入って日本の出場枠を獲得しなければならないという使命があり、緊張しすぎて、フライングしそうになったほどだ。結局無事に出場枠を獲得できたのだけれど、そんな苦い記憶を、僕はかなり鮮明に覚えている。

その時と比較しても、このロンドンでの緊張は異常だった。

手足がビリビリ痺れるような感覚があり、それを気にすれば気にするほど、余計痺れた。今思うと、これこそがプレッシャーであり、それによって引き起こされた症状だったのだと思う。当時はただの不調だと思い込み、すごく不快で、不安だった。

僕は結局、過度の緊張を感じたという忌々しい記憶の先を、実はまったく覚えていない。その日、どんなふうにアップをして、どんなふうにスタート台に上がり、どんなふうに泳いで、どんな気持ちでプールから上がったのか。

一切の記憶がないレースは、これが初めてだった。

終わってしまった。

レース後、我に返った時、そんな喪失感だけが残った。

僕は、本命の50メートル自由形で、メダルを逃したのだ。

いったいこの4年間、僕は何をやってきたのだろう。

また手ぶらで帰るなんて、北京の時とちっとも変わらないじゃないか。

情けない。

結局、メダルを獲得するには努力や才能や運、いろんな要素が必要なのだろうけど、〝メダルをとれる星の人〟というのは、もう最初から決まっているのだと思った。そして僕はどうやら、〝その星の人〟ではないらしい。

生まれながらにして、最終的には成功を掴むことを約束されている人間と、どう頑張っても、どうあがいても、そちら側には行けない人間がいる。

僕はこの時まで、正直、自分は特別な星の下に生まれた側の人間だと思っていた。だからこそ努力したし、努力をすれば、特別なものを手に入れられると信じていた。

でも、違った。

もう、早く日本に帰りたい。

絶望を感じながらも、すぐに自室に戻る気にはなれなかった。なんとなく、北京大会でも代表だった鈴木孝幸さんと話したいという気持ちになった。

なんで、鈴木さんだったんだろう。僕は鈴木さんの部屋に押しかけた。鈴木さんは明らかに、特別な星の下に生まれた人だった。突然押しかけた〝特別な星ではない〟僕に、鈴木さんは多くは語らず、ただ一言「お疲れ」とだけ言ってくれた。

まだ3種目も残っていたのに、本命のレースでメダルを逃してヤケになった僕は、その日の晩、タガが外れたようにこれまで徹底していた節制をやめた。

1人で選手村の食堂に行き、ハンバーガーを一気に4個平らげる。高カロリーだからと避けてきたが、もう負けたのだから、どうでもいいのだ。

それに、日本に帰ったらお金を払って食べるハンバーガーが、ここではタダである。我慢していたのがバカらしくなって、フライドポテトも大量にかき込み、気持ち悪くなるほどお腹いっぱい食べた。

部屋に戻っても、もう別に早く寝る意味もない。

僕は、大好きな稲川淳二さんの怪談をひたすら聞いて夜更かしすることにした。稲川淳二さんは、高校生の頃に谷口君から教えてもらったのをきっかけにハマり、よく聞いていた。何か小細工をするわけでもなく、語りだけで人の心をつかむ稲川さんの技術を、純粋に尊敬していた。まさか、このロンドンでもその声を聞くことになるとは思わなかったけれど、それまでも繰り返し聞いた怪談を、また聞いた。

失意のレースから2日後。二夜連続で大量のハンバーガーを摂取して夜更かしした朝は、なぜか快適な目覚めだった。もう失うものもないから、吹っ切れていたのかもしれない。

その日出場した１００メートル平泳ぎは、メダルには届かないまでも、予選で楽に泳いでも決勝に残れることがわかっている種目だった。

そもそもほとんどやる気もなくなっていたし、予選は適当に泳げばいいとさえ思っていたのだけれど、ふと、この種目はターン地点でタッパーを務めてくれるのがあまり組んだことがない人だったということを思い出し、決勝で驚かせないように、最初の50メートルだけは真剣に泳ごうと方針を変えた。

いくらもうメダルは見込めないからといって、予選と決勝で僕のタイムがあまりにも変わったことで、タッピングを失敗されるのも困る。ある程度のスピードには慣れてもらうためにも、ターン地点までは全力で泳ぎ、寺西先生が待つゴールへ向かう後半は、ゆっくり泳ぐことにした。

すると、予定通り後半はゆっくり泳いだにも関わらず、なぜか自己ベストを更新し、全体２位の記録で決勝進出が決まった。

とはいえ、他の選手は決勝でタイムを上げてくるわけだから、もともと5番手の持ちタイムの僕に、勝ち目はないのだけれど。

それでも、思いがけず予選で好記録を出せたことで気分がよくなった僕は、とりあえず、決勝ではさらに自己ベストを更新しようと目論んでいた。

視覚障害者のレースでは、全選手が泳ぎ切るまで、ゴール後に誰も言葉を発してはいけない決まりになっている。

決勝で最初から最後まで全力で泳ぎ切った僕は、この時、ゴールしてから結果を聞くまで、4、5秒のタイムラグがあった。「あー、しんどかった」と息を整えていると、頭上から、寺西先生の大声が聞こえた。

「銀！　銀だ！　木村、銀だぞ！」

たしかに大声だったと思うのだけれど、僕はまだプールの中。客席からの歓声も重なり、寺西先生の大声がかき消される。僕は肩で息をしながら、「はい？」と間の抜けた返事をした。何が起きたのか、よくわからなかった。

「銀だよ！　銀だ！　やったぞ！」

5位になる予定だった100メートル平泳ぎで、どうやら僕は銀メダリストになったらしい。喜びを噛みしめるまでに時間がかかってしまい、しばらく、僕は呆然としていた。

＊＊＊

表彰式で四方からの大歓声に包まれた時、僕は思った。

報われるって、こういうことなんだな。

レースの時とは違い、表彰式はすごく広い場所に立っている気がして、「ここはもう、戦いの場ではないのだ」ということを、温かい拍手を聞いて実感した。

水泳をやってきて、よかった。

そんなふうに思ったのは、この時が初めてだった。

僕は、銀メダリストになったその夜も、選手村に帰るとハンバーガーを食べた。

＊＊＊

図らずも銀メダリストになった僕は、４種目めの１００メートルバタフライのレースを迎える頃には、すっかり肩の力が抜けていた。目標だったメダルを手に入れて、言葉は悪いが、感覚としては残りのレースは消化試合に近かったかもしれない。

「引退した人って、こんな気分なのかな」と考えたりもした。

相変わらず前夜は稲川淳二さんの怪談を聞いて、朝はゆっくり起きた。

ビリビリと痺れるような緊張感は、もうまったく残っていない。それどころか、隣のコースでやたら話しかけてくるタイ代表の選手とおしゃべりする余裕さえあった。

その選手はパラリンピックの決勝レース直前だというのに、「僕は日本の女性がすごく好きなんだ」と楽しそうに話している。緊張している時だったら確実に無視する内容だけれど、僕はその話に乗って、「僕のタッピングをしてくれるのは、すごくかわいい女の子なんだ」と返した。実際は、40代のおばさんなのだけれど。「そうなんだ、いいなぁ」と羨ましがるタイ代表選手の横で、その選手のタッパーは大笑いしていた。

そして、そのタイ代表選手の逆側の隣には、河合さんがいた。

パラリンピックの大舞台で、河合さんに勝つ。

それは、河合さんを目標とし、追い続けてきた中学生の頃から思い描いていた、僕のひとつの夢だ。この100メートルバタフライで、僕はついに、河合さんとの直接対決を制した。

その結果、アジア新記録で銅メダルという、びっくりするようなおまけまでついてきた。

想定していた種目ではなかったけれど、メダルをとりたいと思っていた大会で、僕は幸運にも2つのメダルを手に入れた。惨敗だった本命種目のことはもうどうでもよくなるほど、僕はすごく満足していた。

そして、その気分のまま帰国したのだけれど、日本に帰って間もなく、「世界で2番目に速い」というのが引っかかるようになった。

これは、欲だ。

世界で2番目に速いって、なんか中途半端だよな。

銀メダルをとれてよかったけれど、一番いい色ではない。

やっぱり、金メダルがほしい。

僕はこの時初めて、金メダルを意識するようになった。

＊＊＊

ロンドン大会の閉会式がものすごく寒かったせいで、日本に帰国する頃には、僕は風邪をひいてしまっていた。

帰国後すぐに、あの「吉川内科」に行ったのだけれど、受付のお姉さんや、看護師さん、帰りに寄ったコンビニの店員さんにまで「パラリンピック、観てました」と声をかけられた。

メダルの力って、すごいんだな。

そう、あらためて思い知った。それに、メダルをとれたことで、僕の「武器」がまた一段レベルアップしたような感じがした。

自分も、それなりに価値のある人間になれたのではないか。

メダルには、そう思わせてくれる力があった。

＊＊＊

両親や大学の仲間たちは、本命だった2種目めの50メートル自由形に合わせて、ロンドンまで応援に来てくれていた。

長期間におよぶ大会期間中、さすがにずっとロンドンに滞在するのは難しく、僕が銀メダルを獲得した100メートル平泳ぎの前に、みんなすでに帰国の途についていた。

両親は、東京から滋賀に戻る新幹線の中で結果を知ったらしく、それまでにもらったことのないような長文のメールをくれた。大学や盲学校の友達からの連絡もひっきりなしで、それまで関わってきたたくさんの人に祝福され、認めてもらえたことがうれしかった。

そんななか、友達という関係性で唯一ロンドンに残っていたのが、村西沙織ちゃんという、同い年の筑波大学の学生だった。

僕たちは大会前、代表合宿などでよく筑波大学のプールを使わせてもらっていて、そういう時には筑波大学の学生が練習を手伝ってくれる。

その一人が、沙織ちゃんだった。全部を説明しなくても、1を言えば10を理解してくれるような、聡明な子。次第に連絡を取り合うようになり、たまには2人で食事にも出かけた。いつも、沙織ちゃんが僕を誘ってくれた。その沙織ちゃんが、学生ながら、パラ競技を取材する非営利団体の一員としてロンドン大会に帯同していたのだった。

銀メダリストになった後、僕は沙織ちゃんに会おうと、客席へ向かった。僕を見つけた沙織ちゃんが「おめでとう」と声をかけてくれる。僕は、表彰式でもらった花束をプレゼントし、ついでに、もらったばかりの銀メダルを沙織ちゃんの首にかけた。

「おめでとう。本当によかった。本当に……」


沙織ちゃんは、泣いていたみたいだった。何度も何度も、僕を祝福してくれた。

そして帰国後、僕たちは恋人同士になった。学生時代の、淡い思い出である。

ホームから落ちて、試験も落ちる

僕には、人生で何度か「あれは危なかった」という経験があるのだけれど、大学４年生の夏、教員採用試験会場に行く途中で駅のホームから線路に転落した時は、なかなかヤバかった。

早朝５時頃で、完全に寝ぼけていた僕。ホームのだいぶ端を歩いていることに気づき、バランスを崩した時にはもう遅かった。

実は、線路に落ちるのはこれが初めてではない。中学生の頃にも、護国寺駅で友達と一緒にいる時に一度落ちていて、その時は火事場の馬鹿力のような不思議な力がわき、自力で這い上がることができた。その経験があるぶん、二度目の転落は冷静だったし、身長も筋力も、中学生の頃とは比べものにならないくらい成長している。

僕は落下の衝撃で飛んで行ったカバンをまず探してから、ホームへ戻ろうと手をかけた。ところが、なぜか力が入らない。冷静だったことが逆効果になったようだった。ちっとも上れないし、僕が落ちたことに気づいている人がいる気配も、まだない。

今、電車が来たら、結構ヤバいな。

中学生の僕はよく自力で上ったなと我ながら驚くほど、大変な思いをしてなんとかホームによじ上った。運よく電車が来なかったからよかったものの、タイミングが悪ければ、僕の人生はそこで終わっていた可能性もある。

実際、線路に落ちて電車にひかれて亡くなってしまう視覚障害者は毎年いるし、学校の先輩でもそんな事故で亡くなった方がいた。それに、僕らにとって本当に危険なのは、危険であることに気づかずそこにいる時で、僕は一度、雨の日に傘をさして踏切の外で待っていたつもりが、実際には電車が迫る踏切の中にいたことがあった。その時は、通りすがりの人が無理やり僕を踏切の外まで連れ出してくれ、助かった。

見えていても、見えていなくても、事故に遭う危険はあるけれど、情報がひとつ少ない僕たちは、やはりそのリスクが大きいということは自覚しなければならない。そう、強く思った出来事だった。

もともと教員採用試験に受かる自信なんてなかったけど、道すがら線路に転落してしまったことで、「もう、こんなん絶対無理やん。絶対落ちるわ」と思いながら、僕は試験会場に向かった。

案の定、落ちた。

＊＊＊

ロンドンパラリンピックの翌月。

教育学科で学んでいた僕や友人たちは、科目は違えどそれぞれに教員を志していて、僕自身も、先生になりたいという想いは変わらず持っていた。

教員志望の学生の多くは、大学４年生になると、母校で教育実習をする。

僕は、教員採用試験の結果が不合格だったため、次年度からすぐに先生になることはできないのだが、免許を取得するためには避けては通れない大イベントだ。僕の場合は、筑波大学附属視覚特別支援学校で教育実習を行い、その後教員採用試験に臨むというのが通常のルートだ。教育実習先は大学３年生のうちに決めておくのだけれど、僕はその時ふと思い立って、一般の高校で教育実習をやりたいと考えた。

特に、深い理由はない。教員志望の視覚障害者は、盲学校で教育実習をするのが当たり前だったから、その規定ルートに乗るのが嫌だっただけかもしれない。

そんな僕の思いつきに、ゼミや研究室の先生も最初は賛同してくれたのだけれど、いざ受け入れ先を探し始めると、これがかなり難航した。20校以上に電話をかけて教育実習をやらせてほしいと申し出たが、すべて電話口で断られた。

僕の様子を見かねて、一時はやはり盲学校で教育実習をするよう促そうという話になったらしいのだけれど、結局僕の意思は尊重されることになり、なんと、大学がひとつの研究プロジェクトとして予算をつけてくれることになった。視覚障害者が一般の高校で教育実習をするというテーマで論文が書かれることになったのだ。

ようやく決まった教育実習先の都立高校からは、受け入れにあたり、必ず僕のサポート役をつけるようにという条件が出された。

そこで、僕の友達3人が日替わりのアルバイトとして全面的に僕のサポートをしてくれることになり、3週間の教育実習で苦楽をともにすることになった。

大学で最初に友達になった尾形君も、そのなかの1人。尾形君はすでに自分の教育実習が終わっていたこともあり、僕にアドバイスをくれた。

「高校生は、俺たちが思っている以上に、教育実習生にまったく関心がない。大学1年生の時に、俺に話しかけてきたようなギラギラした木村を生徒にも出していかないと、キツいぞ」

そんなことは言われなくてもわかっていると思ったけれど、実際に授業が始まると、尾形君の言葉の意味を痛感した。

僕の教育実習を受け入れてくれた都立高校は、いわゆる進学校ではなかったため、もし学園ドラマのように荒れた学校だったらどうしようなどと心配していたのだけれど、実際は正反対。生徒たちが、そもそもみんな言葉を発しないし、それどころか、学校に来ない。僕は見えない分、言葉を発してもらわない限りはリアクションを感じられないから、最初は壁に向かって授業をしているような状態で、かなり参った。

教育実習が始まって最初のホームルームには、40人いるクラスの半分しか出席していなくて、指導教官に「今日はお休みの子が多かったですね」と思わず言ってしまった。「いやいや、今日は実習生が来るというので、多いほうですよ」と返されて仰天したのだけれど。

僕は社会科の政治経済を専攻していて、この時は30代半ばの先生が指導教官として僕についてくれた。この先生は、生徒からすごく慕われていた。でも、僕にはとにかく厳しかった。

これは完全に言い訳なのだけれど、パラリンピックまではどうしても水泳最優先で勉強が二の次になっていたこともあり、僕は完全に準備不足、勉強不足だった。毎日、放課後に授業の準備をしている時点で「それでは全然ダメだ」と指導教官に指導された。

まずはその先生が僕に授業をしてくれることになり、毎日放課後は指導教官による授業と自分の勉強、報告書の作成や翌日の授業の準備で午後10時まで学校に残っていることも珍しくなかった。

帰宅後も、自分の勉強や教材づくりが待っている。おかげで、教育実習の間はずっと寝不足だった。生徒には視覚情報も提示する必要があったから、サポートしてくれる尾形君には重要な単語を紙に書き出してもらい、黒板に貼って授業で使えるような教材を作ってもらった。

指導教官の先生からは、相変わらず毎日厳しい言葉ばかりかけられ、自分なりに授業内容を改善しようと一生懸命組み直していくのだけれど、生徒には伝わっている様子もないし、一向に手応えはつかめなかった。教育実習が終わる3週間後には、「もう、絶対先生にはならん」と教員志望だった気持ちはほとんどなくなっていた。

地獄のような教育実習を終えた僕は、最後に、指導教官の先生の元へ挨拶に行った。

「正直、私は他の教育実習生より、あなたを厳しく指導したつもり」と語る先生の言葉に、そんなのはとうにわかっていたよと悪態をつきたくなる。

「見えないということがハンデなのは間違いない。それはもう、揺るがないことだけれど、それでもいずれ先生になるのであれば、あなたは大多数の見える先生たちと戦っていかなければならない。そうなった時に、そのハンデを埋められるのは知識と授業の質しかない。情報収集能力や、教材を使った視覚情報ではどうしてもかなわない分、それ以外のところで、他の先生に負けない実力のある先生になってほしい。だからあなたにはすごく厳しくしたし、きっとしんどかったよね。でも、あなたを教育実習生として受け入れたということは、私自身も、一生あなたの指導教官であり続けると覚悟を決めたことだから、もし先生になったら、困った時にはいつでも連絡しておいで」

あまりにも厳しかった先生をうらめしく思う気持ち、もう先生なんてこりごりだという気持ちが、すーっと引いていった。

情熱のある指導教官に恵まれた僕は、しあわせ者だったのかもしれない。しんどかった分、僕は価値のある実習をさせてもらったのだろうし、これで教壇に立たないなんて、恩知らずも甚だしいと思う。

今は選手としてのキャリアが続いているけれど、それも、永遠ではない。教育に携わるということは、今でも僕の目標の一つである。

白杖３人組の福井旅行

大学生最後の冬、久しぶりに盲学校時代の同級生と旅行へ行く計画を立てた。

中学の頃からずっと仲がいい谷口君と、高校を卒業する頃になって親しくなった松田君。谷口君は奈良、松田君は都内の大学に進学していて、よく連絡はとっていたけれど、泊まりがけで出かけるのは久しぶりだった。

松田君は、僕の大学の受験勉強を一番助けてくれた友達の１人。読書好きで落ち着いたタイプだった松田君は、高校１年で出会った時には絶対に仲よくなれないと思ったのだけれど、大学に入ってからは一番よく連絡をとる友達になっていた。

旅行先を決めるにあたり、松田君は「源泉掛け流しの宿に泊まりたいけど、金がないから宿代は五千円以内で頼む！」という無茶苦茶なリクエストをしてきた。心優しい谷口君が一生懸命宿を探してくれて、見つけたのは、福井県鯖江市にある旅館だった。

僕も谷口君も松田君も全盲だから、普段の生活に白杖は必須だ。

白杖を持った若い男3人組。

結構、目立っていたと思う。1人で出かける時や、全盲同士で出かける時には、とりあえずその場にいる人に頼り、見ず知らずの人に教えてもらうことが必須なのだけれど、この時は鯖江市内を走るバスの運転手さんが、なんと停留所にバスを停めたまま、僕ら3人を目的地の旅館まで送ってくれた。バスの中には他にも客がいたはずだけど、大丈夫だったのだろうか。

「そいじゃ、気ぃつけてな!」と去って行った、気のいいおっちゃんだった。


無事旅館についた僕らは、ガラガラと大きな音を立てて引き戸を開けた。

「あのー、予約した谷口ですけど……」

谷口君の声に、何も返事がない。

おかしいなと思っていると、ようやく人がやってくる気配がした。やれやれ、安宿だから仕方ないかと思いながらも、ホッとする。

ところが、人の気配はするのに、その人が一向に何も言わない。

なんだか、おかしいぞ。

すると、また人の気配がなくなり、すぐに戻ってきたと思ったら、何かを差し出された。四角くて、薄っぺらくて、プラスチックのような軽いもの。紐がついていて、その先には細長い棒もついている。これは、小さい子供がよく使うような、何度も書いたり消したりできるお絵かきボードだ。その瞬間、僕らは察した。

あ、この人は耳が聞こえないんだ。

これはまずい。僕は、中高時代に森君とルームメイトになったことで指点字でのコミュニケーションはとれるけれど、普通、耳が聞こえないだけの人は手話や筆談、読唇術でコミュニケーションをとるから、指点字が通じる可能性はかなり低い。どうする、どうする。

「携帯に文字を打って、画面を見せればいいんじゃん？」

松田君の言葉ですぐさま携帯電話を取り出した僕は、とりあえず「予約していた者ですが」と打ち込んで、その人に手渡した。すると、向こうも何か文字を打ち込んでくれたので、携帯電話を受け取って、読み上げ機能で内容を聞く。

「私はしゃべれません。もうすぐ他の者が来るので、部屋でお待ちください」と言って、その人は僕らの手を引いて、玄関の近くにあった部屋へ連れて行ってくれた。もうすぐって、どのくらいだろうと思っていると、「ごめん、ごめんね。うちの人、しゃべれんのよ」と大声で話しながら、おばちゃんがやってきた。

どうやらこの旅館はご夫婦で経営しているようだった。後から話を聞くと、最初に僕らを迎えてくれたご主人は耳が聞こえないわけではなく、咽頭がんの手術で声を発することができなくなったらしい。おかみさんは、それを機に旅館をたたもうと考えたけれど、ご主人からの説得もあって、思いとどまったそうだ。

「まさか、あなたたちみたいなお客様が来るとはねぇ」

「いやぁ、僕たちもまさかでした」

「待たせちゃって、悪かったね。あなたたち、予約は素泊まりだったと思うけど、晩御飯は?」

「近くに居酒屋でもあれば行こうかと思ってるんですけど、どこかありますかね?」

「あるある! おばさんが車で連れて行ってあげるわ」

「え、いいんですか?」

「いいの、いいの! 待たせちゃったしね」

そんなわけで、おかみさんが近くの居酒屋まで車で送ってくれることになったのだけれど、乗車時間は3分ほど、歩いても10分くらいで着きそうな場所にあり、本当に近かった。おかみさんにお礼を言おうと思ったら、なぜか一緒に車を降りている。

「ここ、結構おいしいのよ。行きましょう」

どうやら、おかみさんも一緒に晩御飯を食べるらしかった。


僕らが宿泊した日、旅館には他に客がいなかった。おかみさんとも打ち解け、すっかり気が大きくなった僕たちは、他に客がいないのをいいことに、大浴場と自分たちの部屋をすっぽんぽんで行き来して、やりたい放題楽しませてもらった。見られるとしても、あのおかみさんしかいないし、僕らには互いが見えていないわけだから、羞恥心は最初からあまりない。

松田君がこだわった源泉掛け流しの風呂は最高で、この宿を探してくれた谷口君には、２人で何度も感謝した。そして、はしゃぐ僕らを大目に見てくれた、懐が深いおかみさんにも。

終始神対応だったおかみさん。この旅館には、ぜひまた行きたいと思っている。楽しかったのは僕らだけで、好き勝手に過ごしすぎて、今では出禁になっていないことを願っている。

Column-3

街の探索

新しい街に住み始めた時は、すごくわくわくする。一人で食事ができる店はあるかとか、友達と行くならここだとか、買い物はだいたいここで済ませられそうだ、とか。僕にとって、街を探索する作業はとても大切だ。

街を探索する時、まずは出かける前に、ネットで目星をつける。一番多いのは好みの飲食店を探し歩く作業で、その時は街の名前と食べたいものをセットで検索するか、ざっくり「飲食店」と入力することもある。数ある選択肢の中から、店の住所やメニュー、値段をチェック。吟味していく。

次に、その店のホームページから電話番号を探す。そして、予約をする時のように、電話をする。近くにある目印となるようなスポットを聞いて、自分のなかで場所の見当をつける。これで、だいたい頭の中のイメージと実際の立地の誤差は、10メートル程に絞られることが多い。そして、いよいよ出発する。

商店街の一角にあるというお好み焼き屋を目指した時は、なかなか大変だった。電話で教えてもらった情報によると、向かい側に薬局があるらしく、薬局はすぐに見つかった。しかし、肝心のお好み焼き屋の気配がない。仕方がないので、片っ端から近隣の店のドアを開け、「ここ、なんのお店ですか?」と聞いて回る。目的地ではなかった場合は少し考えて、「また来ます」などと適当なことを言って店を後にする。大変ではあるけれど、この作戦は特に食べるものを決めていない時にも使える。ちなみに高校生の時にこの作戦で散髪屋を探していて、消費者金融に入ったことがある。その時は「兄ちゃんが来るところじゃないと思うよ」と教えてもらい、助かった。

だいたいのお店には、この作戦でたどり着ける。でも、もちろん必ずうまくいくわけではない。

またある時の目的地は、牛タン屋だった。電話で仕入れた情報で、駅前のロータリーを抜けたところにある、マクドナルドが入ったビルの6階だと聞いていた。これは、かなりわかりやすい。マクドナルドの場所はすでに知っていたから、楽勝だと思った。順調にエレベーターで上がり、店の前らしき場所に着く。最後は、音とにおいが決め手になる。そこからは、たしかに肉の焼ける音と、食欲をそそるいいにおいがした。間違いない。牛タンだ。僕は自信をもって入店した。

初めてのお店では、だいたい店員さんにメニューを読んでもらうのだけれど、ここはチェーン店だし、「牛タン定食」と言っておけば間違いないだろうと思い、聞かずに注文した。すると店員さんが、「すみません、夜は定食やってないんです」と言う。そんなことがあるのだろうか？ チェーンの牛タン屋が、定食をやっていないと？ そして続けて、「単品で牛タンをご注文いただき、ライスをつけて、定食っぽくすることはできますよ」と言う。なんだかよくわからないけど、ここは飲み屋が多い街だし、チェーンの牛タン屋も、夜はお酒を飲むために来る人が多いからこうなっているのだろうか？ とりあえず、言われるがままに牛タンとライスを注文した。すると店員さんが、「お肉はこちらで焼きましょうか？」と言ってきた。なんだって？ 牛タン屋で、自分で肉を焼くスタイルの店があるのか？　ここはチェーン店だし、僕は他店に何度も行ったことがある。自分で焼くような感じではなかったはずだ。「そちらで焼くに決まっているでしょ！」とは口に出さなかったけれど、僕が当惑している様子に店員さんが気づいたようだった。「もしかして、牛タン屋さんに行こうとされていました？」。もう、パニックだ。どうやらここは、牛タン屋ではないらしい。

「ここ、焼肉屋です。牛タン屋は向かいのお店なんですよ」。なんということだ。同じフロアに牛タン屋と焼肉屋の両方があったなんて、とんでもないトラップである。店員さんは、ご厚意で「近いのでお連れしますよ」と言ってくれたが、こちらもなんとなくもう後に引けないというか、恥ずかしいというか、どうしたらいいかわからないというか……。心の整理がつかなかったので、そのままお店に留まり、意図せず、人生初の一人焼肉をすることになった。一人焼肉と言っても、店員さんがその場で焼いてくれるし、その間ずっと会話をしていたから、これを一人焼肉とよべるかどうかは、かなり微妙な線であるけれど。

第4章

社会人・大学院時代

続く試練、見出した希望

社会人スイマー兼大学院生に

盲学校から日本一のマンモス大学に進学した僕は、無事に4年で卒業できる見込みだった。ロンドンパラリンピックを終え、教育実習もなんとか乗り切った11月。周りの同級生の多くは、すでに卒業後の進路が決まっている。

さて、僕はどうしようか。どうしようかといっても、もう秋だし、そろそろ本気で考えなければならない。とりあえず、所属していたゼミの先生に相談した。

「卒業してから、どうしようかと思いまして。教育実習はつらすぎましたし」

「そりゃあ、木村は4年間水泳を頑張ってきて、その分、先生になるための勉強はできなかったわけだから、つらいのは当たり前だよ。教員になりたい気持ちは、もうなくなった?」

「いや、そこまでは」

「まだ教員になりたい気持ちがあるなら、もうちょっと学生を続けて、勉強してみたらどう?」

「大学院ってことですよね」

「そうそう。いいと思うけどな」

以前から、頭の片隅にあった選択肢だった。

教育実習がしんどすぎて、すぐに教員を目指す気持ちは薄れていたけれど、それでも、完全にその気持ちがなくなったわけではない。大学院に進学して学んでいる間に、また教員を目指すモチベーションになれたらいいなという思いもあった。慣れ親しんだ大学の練習環境があれば、安心して水泳も続けられる。

そんな時、突然、僕に就職の話が舞い込んだ。自分のなかで、大学院に進学しようという意思が固まりつつあった、12月。メダリストとして招かれた日本パラスポーツ協会のイベントで、終了後に会長の鳥原光憲さんから声をかけられた。

「木村君は、今大学４年生だったよね。卒業後はどうするんだい？」
「いや、まだ明確には決めていなくて……」
「そうか。それなら、うちの会社を考えてみないか？」

鳥原さんは当時、東京ガス株式会社の会長を務めていた。このイベントの後、あらためて連絡をいただき、実際に詳しい話を聞かせていただけることになった。その後何度か面接を重ね、僕はなんと、東京ガスの一員として受け入れていただけることが決まった。そしてありがたいことに、もともと大学院進学の意思があったことを尊重してくれて、「ステップアップのために勉強することは、自由にしてもらって構わない」という。

かくして僕は、大学院進学と同時に東京ガスに就職し、社会人スイマー兼大学院生になった。教員という道も残しながら、社会人スイマーとしてさらなる高みを目指すことを、強く心に誓った。

所属先の東京ガスには毎日出社するわけではなかったけれど、職場に顔を出すたびに、直接関わりのない社員からも声をかけられた。僕の存在を知って応援してくれる同僚がたくさんできたのは、本当に幸せなことだ。入社後に出場したリオパラリンピックの時には、なんと社員食堂で「木村選手〝パラリンピック出場〟応援メニュー」なるものまで用意してもらった。僕の大好物であるお好み焼きもメニューに加えられていて、同僚みんなで食べた。僕の分は、特にリクエストしなくても、ものすごい大盛りを出してもらったのだけれど、当時アメフト部の監督を務めていた僕の上司が、現役選手である僕よりもはるかにたくさん食べていたのには驚いた。僕も、負けていられない。

その後も、今に至るまで何度も感じていることだけれど、ユニークで温かいたくさんの同僚に囲まれた僕の社会人生活は、とても恵まれていると思う。

＊＊＊

社会人スイマー兼大学院生になり、僕の生活スタイルはガラリと変わった。

それまでは、パラリンピック選手といえども、練習拠点は大学の水泳サークル。サークル以外での練習は1人で行うことも多かった。そこで、大学院進学後はより競技レベルを上げていくため、大学生の頃からお世話になっていた野口先生に直談判し、パーソナルコーチとして週６日つきっきりで指導してもらえることになった。

本格的な選手生活を送るようになって、野口先生にまず指摘されたのは圧倒的な基礎泳力不足だった。五輪選手はもちろん、多くの水泳選手は中高大の学生時代で「とにかく泳ぎまくる」という経験をする。泳ぎ込むことで基礎体力や持久力、筋力を上げていくわけだけれど、僕はそれまでの水泳人生で「とにかく泳ぎまくる」というような練習をほとんどしてこなかった。そんな僕は、いわば、アスリートになる前にメダリストになってしまったような感じだと思う。大学院生にして初めて、「とにかく泳ぎまくる」毎日を過ごすことになった。

これが、当たり前ながら、つらい。もう少し幼ければ、「先生がそう言うなら」とただただ泳ぎ続けられたかもしれないけれど、この時、僕はすでにそこそこ大人だった。これまでには味わったことのない、毎日13キロ泳ぐ生活で体はクタクタ。追い打ちをかけるように週２日のウエイトトレーニング、さらには増量のための食事トレーニング、略して食トレもあり、その日１日をなんとか乗り切るので精一杯という日々が続いた。

代表内定1号のプレッシャー

大学４年生で出場したロンドンパラリンピックと、その４年後のリオでは、僕はもう、別人だったと思う。練習量が格段に増えたことで僕自身が変わったし、取り巻く環境も一変した。僕はリオパラリンピックを終えてようやく、〝アスリート〟になれたと思っている。

どんな競技でも、競技を続ける上で、選手が自己負担で賄わなければならない部分は少なからずある。たとえば、合宿費。一定の補助はあるけれど、世界選手権やパラリンピックといった最重要大会に関連するもの以外は、基本的に自分で捻出しなければならないのが普通だった。ロンドンの時はまだ学生だったこともあり、冗談抜きで、小銭を数え、生活費を切り詰めてどうにか合宿を組んだりしていた。

それが変わったのは、2014年だ。リオを目指すなかで、所属先の東京ガスが合宿の経費などもサポートしてくれることになった。加えて、選手としての実力が上がったことで、日本パラリンピック委員会や日本パラ水泳連盟などにも費用の一部を負担してもらえるようになった。本当に、ありがたいことだ。

それによって、これまでは金銭的な理由で苦心しながら調整していた合宿に、最適な形で臨むことができるようになった。

パラリンピック選手というカテゴリーにおいて、僕は、急激に競技環境が変化していく真っ只中にいた世代だ。

河合さんをはじめ、長きにわたってパラ競泳界を牽引してきた上の世代の選手たちは、自分たちがもっといい環境で競技を続けられるよう、もがき、主張し、戦い、結果を出してきた。

僕が代表入りするようになった高校生の頃から、その変化は少しずつ表れるようになり、パラスポーツに対する世間の注目度、メディアの取り上げ方も大きく変わっていった。河合さんたちを第一世代とすれば、僕らは第四世代くらいだろうか。先輩たちが頑張って整えてくれた道を僕らは歩むことができ、あらゆる恩恵を受けた。

そしてちょうど選手としてのピークを迎える時期に、東京パラリンピックが開催されることになった。

アスリートとして、五輪選手と違わぬような練習環境を得られるようになった僕らの世代は、五輪の代表選手、健常者の競泳選手を強烈に意識している世代でもある。

僕が初めて出場した北京パラリンピックの頃は、そもそも五輪代表選手とは何もかも前提条件が違いすぎて、比較するまでもなかった。

それが、同じような環境を整えてもらったり、メディアからも注目されるようになったことで、五輪選手に比べて、自分たちはどうなのだろうと顧みる機会が増えたのだ。

僕らパラ競泳陣は、全盲の選手もいれば弱視の選手もいるし、片腕がなかったり、半身が麻痺している選手もいる。知的障害がある選手もいる。そういう意味では、五輪の代表選手がやっている競泳と、僕らのパラ競泳はそもそも完全に別競技だし、まったく異なるものだ。その認識は、今も変わらない。

ただ、五輪とパラリンピックを同じように並べて評価しようという機運は年々高まり、そのおかげで、パラリンピック選手がアスリートとして競技中心の生活を送れるようになったのは事実だ。それまでは、日本代表クラスの選手、世界ランクで上位にいるような選手ですら、本業が別にあり、それを軸として競技も続けているというような状態だった。逆にいえば、競技だけで生活することはできず、選手でいるためには、軸となる別の本業が必須だったのである。

第四世代の僕らは、ちょうどその変わり目を経験しているわけだけれど、僕より後の世代となると、パラリンピックを目指すことは、イコールプロのスポーツ選手ということをなんの疑いもなく信じている。高校、大学、就職も、一流であれば選手として受け入れてもらえるものだと思っているし、実際そういう世の中になった。

競技だけに集中できるようになったのは、素晴らしい変化だと評価することもできるけれど、引退後を考えると、逆に以前より厳しい現実が待っている可能性もある。

かつては別に本業があったことで、選手を引退したら、その後は本業中心の生活にすればよかった。選手としてのキャリアと同時に別の本業を持たない僕らは、初めて、セカンドキャリア問題に直面する世代になるだろう。東京パラリンピックが決まったことで、自分たちを取り巻く環境がまた一段と変化し、注目度が上がったけれど、それがその後もずっと続くとは限らない。

＊＊＊

日本競泳陣の中で代表一番乗りだった僕は、ありがたいことに、所属企業以外からもウエアやサプリメントの提供など多くの恩恵を受けた。

リオでは金メダル候補といってもらえたこともあり、かねてから切望していた手厚いサポートを国から提供してもらえることになったのだ。泳力向上のためにあらゆる測定を受けたり、全面的に食事をサポートしてもらったり。細かく比較したことはないけれど、五輪選手が受けるような待遇と変わらなかったのではないかと思う。

まさか、そんな待ち望んだ待遇が、僕を苦しめることになるとは。

そもそも、もっとサポートしてもらいたいという気持ちが常にありながら、どんなサポートが足りなくて、何をしてほしいのかというビジョンはまったく見えていなかった僕。だから、実際に手厚くサポートしてもらえるようになってから、それが自分がしてほしかった内容なのかどうか、もうよくわからなくなっていた。

楽しいと思えていた競技生活に、面白味を感じられなくなってしまった。僕のスケジュールは、トレーニングと測定でびっしり埋まるようになった。月曜日はここで２時間泳いでその後に取材、火曜日はイベントの後、移動して呼吸器の測定を受ける。そんなふうに日々のスケジュールがかっち決められ、それを窮屈に感じるようになっていた。

心も体も、なんだかついていけない。そんななかでも、パラリンピックに向けてまた一段と練習の厳しさが増す。水泳のプレッシャーから逃れられる時間が、まったくない状態だった。

水泳選手なのだから、泳ぎを頑張るのは当然だ。でもその頃は、毎日練習する2時間のためだけに生きているような感覚だった。泳いでいる時間以外もすべて、もっと速く泳げるようになるために過ごす。本当は、感謝すべき多くのサポートを受けていたにもかかわらず、それを浴びるのに精一杯で、助けられていると感じる余裕すらなかった。忙しいのとは、また少し違う。ただ、心も体もきつくて、夜もよく寝られなかった。

その頃、パラ水泳の拠点として立教大学のプールが開放されるようになった。練習場所に困る選手も多かったなか、それはなかなか大きな進歩で、僕は日本大学でも練習しつつ、夜間は立教大学で泳いでから帰宅するという生活を送るようになる。立教大学のプールには、それぞれ障害のクラスや指導者が異なる選手たちが集い、そのなかには、同じ関西出身で筑波大学を卒業し、現在はＮＴＴｄｏｃｏｍｏに所属している山田拓朗君もいた。

山田拓朗君との出会いは、高校時代まで遡る。彼は先天性の左前腕欠損、僕は視覚障害でクラスは異なるけれど、当時ベテラン選手が多かったパラ水泳界で、若手で同世代の僕らは合宿や遠征先でよく同部屋になった。1学年下の彼を、僕は〝たくちゃん〟と呼び、年下ながら穏やかで落ち着きがあるたくちゃんと一緒にいるのは、居心地がよかった。

ただ、彼の水泳のキャリアは僕よりずっと長い。水泳を始めた年齢は3歳で、13歳でアテネパラリンピックに出場。高校時代はスイミングスクールで鍛錬を積み、大学は体育会水泳部のトップクラスにいて、常に健常者と同じ土俵で戦ってきた選手だ。パラ水泳で、健常者のトップレベルを普段から体感して練習してきた選手というのは、実はかなり珍しい。僕は大学院生になって、野口先生からマンツーマンで指導を受けるようになって初めて「健常者の選手だとこれが普通」というその〝普通レベル〟の高さを痛感することになったのだけれど、彼は幼い頃からその現実を知っていた。だからこそ、僕たちパラ選手の価値について語るたくちゃんの言葉には重みがあったし、いつまで選手としてやっていくか、セカンドキャリアはどうするのか、そんな共通の悩みを打ち明けられる貴重な存在だった。


それぞれ練習を終え、午後9時頃に立教大学を出る。たくちゃんと僕はそのまま近所の定食屋に行き、毎日一緒に夕食をとった。厳しい練習内容とどんどん変わっていく環境でボロボロの僕の話に、聞き上手のたくちゃんはいつまでも付き合ってくれた。

正直、リオパラリンピックまでの1年というのは、僕の約30年の半生のなかで、最も過酷で辛い時期だった。でも、この時に毎晩たくちゃんに話を聞いてもらっていなかったら、僕の精神状態はもっとひどくなっていたと思う。落ち込んでいる奴と一緒にいるのはエネルギーがいるし、自分までマイナスの思考に持っていかれそうになる。そんななかで、僕を叱ったり、アドバイスをしたりするわけでもなく、ただずっと話を聞いてくれるたくちゃんの存在は、本当にありがたかった。

夜、眠れない。この症状が出始めたのは、リオの1年半ほど前、２０１５年の初頭だったと思う。夜中に突然、目が覚める。それがだんだんと悪化し、就寝後30分ほどで目が覚め、そこから朝まで一睡もできない。

その頻度は増え、いつしか、週に5日もそんな状態が続くようになった。

目覚める時は、なんとなく意識があるような程度ではなく、今すぐ焼肉を食べられるレベルで覚醒する。最初の数十分は、どうにかまた眠りにつけないかと抗うのだけれど、途中から諦めてテレビをつけたり、携帯電話をいじったり、本を読んだり、外に散歩に出かけたりする。

深夜から明け方にかけて持て余す時間はどうしようもなく、一度目覚めると、もう一向に寝つけない状況がすごくつらかった。

寝不足のままプールに行くことにも慣れた。その頃、僕の1日のスケジュールはこうだ。

朝、5時45分のアラームで起きる。その後、軽く朝食をとって支度をし、6時半にはプールに到着。9時頃まで練習したら、提携してもらっている近所の定食屋さんへ向かう。2食分の弁当を受け取り、帰宅後に1食分を食べる。

その後は戦闘不能状態。昼寝をしたり、テレビを見たりして過ごすことが多い。午後3時頃、もう1食の弁当を食べる。6時には再びプールへ行き、8時頃まで夜練習。プールの近くで夕食を済ませて帰宅し、風呂に入るともう10時。就寝前にもう１食、パンかおにぎりを食べる。最低６時間は寝たいから、どんなに遅くとも、11時半には布団に入る。

昼間に寝ているから、１日に５、６時間は寝ているのだけれど、夜中に目が覚めたままだと、全然眠れていないような気になるし、実際、体の疲れはとれていないような気がした。

通常、睡眠に問題がある人は寝つきが悪いことに悩んでいる人が多い。僕の場合、寝つきでいうと誰よりもよいほどで、布団に入れば５秒で眠りにつくことができる。

途中でぱっちり目が覚めてしまうのが問題で、同じような症状の人は稀なようだった。寝られないことに対するストレスが溜まり、余計なことを考えるようになる。

夜中に目が覚めている間は、ネガティブな想像が止まらなくなった。大きな大会で大失敗をする自分の姿が、繰り返し浮かんだ。うつ病を疑って精神科を受診したこともあったけれど、僕はマジで死ぬのは絶対嫌だから、その時点でうつ病ではないという診断がくだった。

昼寝が原因かと思い、練習後に必死に昼寝を我慢し、ものすごく眠い状態で夜を迎えるようにしたこともある。それでも、夜中に目覚めることは変わらなかった。逆に、昼寝をしすぎてしまい、これはもう、夜は全然寝られないなと覚悟している時には、朝までぐっすり眠れたりもした。

眠れないのは１ヶ月のうち３週間ほどで、その後１週間、安眠できる日々が訪れるというようなサイクル。そのサイクルを自分でコントロールすることはできなかったし、これさえやれば朝まで寝られるという方法も見つけられず、かなり苦しかった。

アスリートのなかには、最大限パフォーマンスを発揮するために、寝つきが悪くて睡眠薬を服用している選手もいる。

僕は薬を使って改善することだけはどうも受け入れられず、その薬なしではもう眠れなくなってしまう体になるのが怖かった。結局、その後数年間まったく症状が改善されなかったことで、つい最近になって僕も睡眠薬を服用するようになったのだけれど、リオパラリンピックの前後は薬に頼らずに、どうにか克服しようともがき続けていた。睡眠薬以外の方法は、その頃にすべて試したといっていいほどだと思う。

睡眠ホルモンであるメラトニンを作る納豆を摂取するとよいといわれれば、大嫌いな納豆を頑張って食べたし、マットレス、枕、パジャマなど、睡眠環境を整えようと、睡眠グッズにはかなりお金をかけた。24万円もする高級マットレスを買った時には、「俺の体よ、この24万というプレッシャーで頼むから寝てくれ」と心から願ったけれど、使い始めて1年以上経っても、特に状態は変わらなかった。

僕はどうにか睡眠障害を解消したくて、周囲に自分の症状について相談もしていた。

不眠の症状が現れるようになってから半年ほど経った２０１６年、リオパラリンピック開催年の春には、睡眠障害の原因は僕が全盲で光を感じられないところにあるのではないかという一つの仮説が立てられた。

人間の体は、本来24時間のサイクルで回っておらず、太陽光を浴びることによって眠くなるホルモンが出て、そのサイクルを調整しているらしい。僕は光が入らないから、体内時計が狂ってしまったのではないか、という話だった。なるほど、納得感があり、仮説として非常に有力だと思った。これが原因だと判明すれば、具体的に対策をとることができる。希望が持てた。

そこで登場したのが、鼓膜から光を取り込む装置。

移動で時差を感じる機会が多いサッカー選手らも使っている装置らしく、鼓膜から光を当てて体内時計を調整し、安眠に導くというものだった。イヤホンのようなものを耳に差し込んで使用するのだけれど、結局、ものすごい期待を込めて使ったその装置も、僕にはまったく効果がなかった。

最有力説だった太陽光の影響も関係ないとなると、もう本格的に理由が思い当たらない。完全に、原因不明の状態だ。

不眠の症状が出るようになってから、追い打ちをかけるように僕は別の症状にも苦しめられるようになっていた。

食トレによる、吐き癖。

その頃、ウエイトトレーニングだけでは体重が増えず、必然的に食事の量も増やすことになった。お腹が空いていなくても大盛りを注文し、それを必ず完食しないといけない。強迫観念のようにそう思い込んでいた僕は、最後は無理やり水で流し込み、その後結局、全部吐いてしまうということを繰り返すようになった。

当時、毎日夕食をともにしていたたくちゃんは、「本当に大盛りでいいんか?」と注文のたびに気遣ってくれていたけれど、僕には大盛り以外の選択肢がない。会計後、駅までの途中にある公園で吐きまくる僕に、ずっと付き添ってくれたこともあった。当事者の僕自身は人目を感じないけれど、たくちゃんは周りの人から白い目で見られるのを感じていたはずだ。申し訳ないことをした。

吐いてしまえばゼロに戻るどころか、吐くための体力や気力でむしろマイナスになる。それでも、無理して大盛りを食べ続けることをやめられなくなっていた。

睡眠障害も吐き癖も大問題だったけれど、幸い、大会に支障が出ることはなかった。大会期間中は2人部屋のことが多く、部屋に誰かがいると、なぜか朝までぐっすり眠ることができた。合宿の時も相部屋になるため、同じように症状は出ない。

それが初めて、大会期間中に症状が出てしまったのが、リオパラリンピックの時だった。

3度目のパラリンピック

北京パラリンピックでは、最高が5位入賞。
ロンドンパラリンピックでは、銀メダルと銅メダルを1つずつ獲得。

僕がリオパラリンピックで目指したのは、ただひとつ。金メダルをとることだった。金色以外のメダルには、もう興味がない。銀や銅をいくつ集めたって、金メダルには敵わない。僕は、たった1つでいいから、金メダルが欲しい。

それは決して高すぎる目標ではなく、至極現実的で、妥当な目標だと思っていた。世界ランク1位で臨む種目もあったし、実際に「金メダル候補」として連日取材を受けていた。持ちタイムからしても、金メダルは十分射程圏内。

所属先の東京ガスでは、社長まで出席して大壮行会を開いてくれた。僕は以前から女優の広瀬すずちゃんの大ファンなのだけれど、当時、東京ガスのCMに起用されていたすずちゃんが応援メッセージ動画を届けてくれるというサプライズ演出もあり、めちゃくちゃうれしかった。もう、負けるはずがない、そう思った。僕にはすずちゃんがついているのだ。そして社内でも、たくさんの応援の言葉をかけられた。

必ず、金メダルをとって帰ってくる。僕の気持ちも高まっていた。

5種目で代表入りしていた僕は、5日連続でレースがあった。

9月12日、リオの初戦。僕は絶好調の状態で、50メートル自由形のレースに臨むことができた。睡眠障害や吐き癖と戦いながらたどり着いた大舞台で、厳しい練習に耐えてきた自信もあった。色は問わず、メダルをとれれば上出来だったこの種目で、僕はまずは1つめの銀メダルを獲得。

自分としては100点満点の出来で、幸先いいスタートだった。

1位だったアメリカのスナイダー選手は、表彰式で隣に並ぶと「君、昨日誕生日だったでしょ?」とアメリカチームのピンバッジを僕にくれた。スナイダーとはFacebookで友達だったから、それで僕の誕生日を知ったらしい。特に親しい間柄ではなかったけれど、なんていい人なんだろうと思った。

絶好調だったはずの僕の体に異変が表れたのは、その日の夕方だった。

選手村に戻ると、全身が猛烈にダルい。一番距離が短い50メートルでこの疲労感とは、4年の歳月は長いなと思った。当時26歳だったけれど、僕は本気で老いを感じた。

それにしても、しんどい。思っていた以上に、試合のダメージが体にきている。目が覚めたらすっきり疲れがとれていることを願って、早く寝るしかなかった。

一瞬、自分がどこにいるのかわからなかった。

ここは、どこだ?

自分の部屋ではないにおい。いつもと違うベッド。

3度目のパラリンピックを迎え、初日を終えた深夜だと気づいた時には、ザーッと全身が粟立つのを感じた。強烈な不安に襲われる。

来てしまった。

これまで、合宿や大会期間中はずっと平気だったのに、あの睡眠障害が今、現れたのだ。このリオで。もうこの後、再び眠りにつくことはできないだろう。ほとんど寝ないまま、僕は明日のレースに出ることになる。そして、明日も寝られないし、明後日もきっと寝られない。

絶望した。

もう、万全の状態で本命種目に臨むことは叶わない。


2日目の朝、絶望的な気分のままプールに向かった。やはり、疲れはとれていない。

リオでの2種目めは、ギリギリでメダルをとれるだろうと想定していた、100メートル平泳ぎ。正直、この日の朝はしんどかったこと以外はあまり覚えていない。それでも、どうにか予定通り、銅メダルを獲得した。

でも、嬉しいとか、悔しいとか、そういう感情が一切沸いてこない。そんな気持ちになる余裕がないほどの、異常な具合の悪さ。「そんな顔で表彰式に行くな」と野口先生に怒られたけれど、僕は最低限の仕事をしたという感覚だった。

1日目の夕方以降、体調は悪くなる一方。表彰式の後、もう夜9時を回ろうかという時間だったが、専任トレーナーの先生にマッサージをしてもらおうと、プールや選手村とは別にあるサポートセンターへ向かった。

治安のよくないブラジルでは、勝手に出歩くことを禁じられており、歩いて行けばすぐ着くような距離のサポートセンターへも、選手用の巡回バスを利用して行かなければならなかった。マッサージを受けて選手村に戻る頃には、もう午後11時。食欲もなく、そのまま倒れるように眠りについた。いつものようにあっという間に寝ついたが、2時間ほどでやはり目が覚めた。

バタフライは明日なのに、やっぱりダメか。

レースが始まってから二夜連続の、絶望的な夜だった。

そのまま、朝が来た。

3日目。世界ランク1位で迎える100メートルバタフライが、リオでの僕の本命種目だった。一番大事な日なのに、すでに体調の悪さはピークに達し、毎朝行っている練習はキャンセル。相変わらず倦怠感で全身が重く、今思えば、完全に風邪の症状だった。

朝の練習を休み、午後に1本泳げばいいだけだということで気持ち的には少し楽だったものの、僕にはもう、負けた時のイメージができてしまっていた。

金メダル以外は、全部負け。銀や銅のメダルをとって、インタビューを受ける自分の姿が浮かんだ。

「ここでダメだった分、人生のどこかで取り戻せればいいと思います」

そう話そうとイメージしていたレースの終盤、残り数メートルのところで、僕は隣のレーンの選手と接触した。僕はその選手より、自己ベストで1秒以上よい記録を持っているはずだ。その選手と、そんなに競っている状態なのか。

2位でゴールした僕は、事前のイメージ通り、レース後スラスラとインタビューに答えた。

「ここでダメだった分、人生のどこかで取り戻せればいいと思います」

インタビューを終えてから、クールダウンのためにサブプールに戻り、アイスバスに浸かる。冷たい。1人になって、じわっと悲しみが押し寄せた。

「悔しい」というのは負けた時のセリフの定番だけれども、僕にはその感情はなかった。悔しいという言葉は、何かやり残しがあった時に使うものだと思う。

その点、僕はやり残したと思っていることは何もなかった。なんなら、少しやりすぎたかもしれない。もっと頑張れた、という思いは一切ない。

でも僕は、負けたんだ。

悔しくはない。ただ、悲しかった。

1日目は銀、2日目は銅、3日目は銀。3日連続でメダリストになった僕は「おめでとうございます」という言葉をかけてもらうことになる。

本来は喜ばしいことなのだろうけど、それがうれしかったのはロンドンまでだ。金メダルだけをとりにきた僕にとって、銀2、銅1という3つのメダルは、まったく価値のないものだった。そこまで金メダルにこだわっていたのは、前回が銀だったというのもあるけれど、これほど努力したのに結果が変わらないなんて、到底受け入れられないという思いがあったからだ。

ロンドンで銀メダルをとるためにも、もちろん努力を重ねてきたつもりだったけれど、そこからこのリオまでの間では、比較にならないほど、その何倍もの努力をしてきた。メダルの数をほめてもらうことは多いのだけれど、メダリストになること自体はもう難しいことではなくて、金メダリストになれなければ意味がなかった。

3日目の夜は、リオでレースが始まってから初めて、朝まで一度も目を覚ますことなく、よく眠ることができた。それにも関わらず、4日目の朝、前日が不調のピークだと思っていた僕は、それを上回る具合の悪さで目覚めることになる。起き上がることさえしんどい。確実に発熱していることがわかっていたから、これ以上絶望したくなくて、体温は測らなかった。

予定通りバタフライで金メダルをとれていれば、少しはよくなっていたのだろうか。

その日のリオは35度もあり、プールに向かうまでの移動が果てしなく長く感じた。

4種目め、100メートル自由形の予選は、信じられないほど遅かった。すでに全力で泳げるような状況ではなかったとはいえ、ギリギリ7位での予選通過。

プールから上がると、野口先生から声をかけられた。

「もう午後、無理しなくてもいいぞ。泳がなくてもいい。棄権したっていいんだ」

そう言われるまで、僕はパラリンピックまで行って棄権するという選択肢を考えもしなかった。世界中の選手が目指しているこの舞台を棄権するなんて、これほど失礼な話はない。

ところが野口先生は、この体調で中途半端な記録を残し、僕の経歴に傷がつくことを心配していた。その意味はよくわからなかったけれど、少なくともこの１００メートル自由形よりは、翌日に控えた最終種目、２００メートル個人メドレーのほうがメダルをとれる可能性は高いと見込んでいたため、明日に備えてこのレースを捨てることは、たしかに賢明な判断かもしれない。

そもそも、動くのもしんどい今の状況で、もうまともに泳げる気配はなかった。


僕はそこでやっと日本選手団の医者のところへ行き、診察してもらうことになった。今思えば、最初に具合が悪くなった時点で診てもらえばよかったのだけれど、診察後は少し楽になった気がした。そしてつい、「午後も泳ぎます」と口走ってしまった。

すると野口先生が静かに切り出した。

「パラリンピックは4年に1回しかない。その決勝の舞台、木村がもしどうしても泳ぎたいというのであれば、僕はできる限りのサポートをする。そして、スタート台に送り出す。決勝まで、時間もまだある。もしそれを望むなら、選手村に帰って、10グラムでも栄養を多く摂ってプールに戻ってこい」

棄権は、やっぱり嫌だ。だって、パラリンピックだから。やるしかないと思った。できるかできないかじゃない、やるかやらないかだ、というのはよく聞くフレーズだけど、残念ながら事実だ。部屋にあったエネルギーゼリーやら和菓子やら、とにかく胃に入りそうなものを押し込んだ。

プールに入ってからも、前日に比べると体が動く。棄権するかどうか迷ったレースで、僕はこの大会4つめとなるメダルを手に入れた。当たり前だが、棄権していれば手にすることはなかったメダルだ。診てくれた医者の先生や、僕を送り出してくれた野口先生にあらためて感謝した。

そのレースは、1位がまた、あのアメリカのスナイダー。表彰式でのフォトセッションの間、「次は東京だな!」とはしゃぐスナイダーは、東京に来るのをすごく楽しみにしてくれているみたいだった。

僕は表彰台に上がっても日の丸は見えないし、金メダルが欲しいというものの、色はわからない。だから本当は、メダルは紙でもいい。ただ、表彰台の一番高いところで「君が代」を聞きたかった。

5日目の最終種目、200メートル個人メドレーは4位。

その翌々日にあった閉会式は欠席させてもらって、僕のリオパラリンピックはひっそりと幕を下ろした。

＊＊＊

リオから丸一日以上、30時間ほどかけて帰国すると、北京やロンドンの時とは比べようもないほどに成田空港が盛り上がっていた。帰国後すぐ、記者会見に出る。

リオにも駆けつけてくれて、僕より数日早く帰国していた父が、空港まで迎えに来てくれた。一緒に、下高井戸のアパートへ帰る。４つのメダルを携え、「おめでとうございます」と祝福の言葉を浴びるなか、悲壮感を漂わせながら帰った僕。父はそんな僕に構うことなく、自らのリオの珍道中を、面白おかしく話し続けた。おしゃべりな父に、なんだか救われた気がした。

帰国後、比較的すぐに練習を再開したものの、どうも身が入らなかった。

ロンドンからリオまでの４年間、これ以上ないほどの努力を積み重ねたのに、メダルの色は変わらず、結局数が増えただけ。

このまま、これまでと変わらぬ環境で頑張り続けるのは、途方もなく先の見えない、耐え難いことのように思えた。周囲には「次を目指す元気がない」と漏らしたこともあったけど、かといって、金メダルをとらないまま引退するという気もなかった。

水泳の他にやりたいことがあったわけでもない。それにこの時は、続けるべき要素が揃いすぎていた。リオでは銀、そして、次は母国の日本開催。

なんとなく気持ちが入らないまま練習を続けていたけれど、リオから約半年後、僕は少し休みをもらうことにした。そして、この先、東京パラリンピックまでの時間をどうすべきか、じっくり考えることにした。何日もプールに行かない日々。ウエイトトレーニングだけは自分で続けていたから完全に休んでいたわけではないけれど、水泳一色の毎日ではなくなった。

東京を目指すにしても、何かを変えたい。というより、すべてを変えたい。

以前から漠然とした憧れはあったが、海外へ拠点を移すという選択肢を、より現実的に考えるようになっていた。英語圏の国なら、言語もどうにかなるのではないか。

その時、ふとある選手が浮かんだ。アメリカ代表の、スナイダー。

彼はリオで3つの金メダルを手にしていたから、競技レベルが僕よりも上だし、誕生日にメッセージをくれたり、表彰式のたびに話しかけてくるような、気さくな人物だ。相談するには、うってつけの人物かもしれない。

思い立ったが吉日。２０１７年3月、僕はスナイダーに連絡をとってみることにした。

普通は、いきなり連絡したら迷惑じゃないか？　返信が来なかったらどうする？　なんて冷静に考えそうなものだけれど、なぜか僕に迷いはなかった。


僕は根拠もなく、いい返事がもらえると信じて疑わなかった。もし自分が他の選手から同じことを聞かれて、悪い気はしないだろうし、なんといっても、スナイダーは表彰式で少し話しただけでもわかるほど、いい奴なのだ。

予想通り、スナイダーはほどなくして返信をくれた。

「僕はしばらく水泳の練習からは離れるんだけど、コーチを紹介できるよ」

新しい世界が、開けた気がした。

Column-4

僕の前を通り過ぎて行った、財布たち

僕は、よく物をなくす。それも、そこそこ大事なものを。財布、携帯電話、家の鍵。特に財布は、覚えているだけでも、人生で7回はなくしている。幼い頃から、「見えないんだから、どこに何を置いたのかがちゃんとわかるように整理しなさい」と何度も言われてきた。僕も、その通りだと思う。でも、できないのだ。なぜかわからないけれど、すぐ散らかしてしまうし、その辺に置いてしまい、整理整頓ができない。

初めて財布をなくしたのは、中学2年、東京での寮生活の時だった。財布は、親戚のおじさんにいただいた大切なものだった。その当時、実は寮では物がなくなることがしばしばあった。集団生活において、残念ながら悪いことをする奴はそれなりにいる。物がなくなるのはまだマシで、共用の冷蔵庫に入れておいた飲み物が水で薄められて量が増えていた、なんてこともあった。障害者だからといって、大人しい奴ばかりではないのだ。自分でいうのも変だけれども。

ある朝起きたら、僕の財布がなくなっていた。やられた。急に金回りがよくなる奴がいて、犯人の目星はなんとなくついていた。でも、決定的な証拠がない。大人になって周囲に聞くと、「学校での盗難？　あ～あった、あった」と多くの人が経験していることのようだったが、その時の僕はくやしくて、一生許さないと憎んだものだ。

見えない人間に対して、そういう盗みを働くことは卑怯ではないか。確かにそうだ。でも、盲学

校にいるのだから、全員が僕と同じ全盲というわけではないけれど、みんなそれなりに目が悪い。目が悪い人間が目が悪い人間から盗むというのは、ある意味、フェアともいえるかもしれない。そこには、見えない者同士の平等な社会が成立しているから、そこで起きる事件の被害者が障害者であったとしても、ものすごく卑怯な事件といい切れないのだ。いや、そうはいっても、泥棒はいかん、ということに変わりはない。

大学生の時にも、盛大にやられた。その財布は、大学の入学祝いとして、先輩の河合純一さんがくれたものだった。その日、静岡県での合宿を終えて滋賀県の実家へ帰省しようと、僕は駅の窓口で新幹線の切符を買っていた。改札を通ってホームに上がったところで、財布を窓口に忘れてきたことに気づく。急いで戻るが、すでに、財布はない。静岡県の在来線しか止まらない、すごく小さな駅で、その場を離れたのはたったの2分。だけど、持って行かれてしまった。静岡県出身の河合さんにもらった財布を、静岡県で盗まれる。なんだか笑えるようで、ちっとも笑えない。

帰りの切符は購入済みだったけれど、当たり前だが、財布がないのは困る。途方に暮れていると、通りかかったおじさんに「兄ちゃん、どうした？」と声をかけられた。「財布、盗まれたみたいで」と伝えると、「なんやと。帰る金、持ってるのか？」と聞かれた。「一応、切符は持っているんですけど……」と答える。「そうか。でも、心もとないだろ。おじさんがカンパしてやるから、これ、持って行きな。これも旅のご縁だからよ。静岡に、そんな悪いイメージを持って帰ってほしくねぇからな」。そう言って、僕の手に一万円札を握らせる。泣いた。ナチュラルに、泣いた。こういう大人になりたい。こういう大人にならなきゃと思った。「また静岡に来てくれよ！」と言いながら、僕が電車に乗るところまで、おじさんが見届けてくれた。

そんなこんなで、普段から油断しまくりの僕だけど、なんと海外では一度も財布をなくしたことがない。2年間アメリカに住んでいた時も、一度もなくさなかった。犯罪発生率が米国全体の平均を上回るほど治安の悪いボルチモアで、財布を守りきったのだ！　きっと、ものすごく緊張していたのだと思う。日本に戻ってきた今、また気が緩み始めている。このあたりで、引き締め直さないと。

第5章

アメリカへ

新天地での再スタート

アメリカへの逃亡

英語力は英検2級レベル、知り合いはいない、ツテもない。おまけに、目が見えない。そんな僕が、アメリカへ拠点を移す決断をした。

「英断だ、勇気がある」と言われるけれど、実は僕にとってこのアメリカ行きは、どちらかというと挑戦ではなく、逃亡という感覚である。

日本では、もうこれ以上頑張れない。

リオパラリンピックで、僕は金メダル獲得という目標を果たせなかった。けれども、それまでの4年間はこれでもかというほど頑張ったし、やり残しなど微塵もない。これまで過ごしたこの日本の環境で、もう今まで以上に頑張るというのは不可能だった。

「逃げる」というのがよい意味で使われることはあまりないけれど、僕は、ひとつの素晴らしい手段だと思っている。僕は極力、誰とも揉めずに穏やかに生きたいし、つらい思いなんかしたくない。

環境を変える。それまでとは違う世界に飛び込む。「逃げる」ことは、決して恥ずかしいことなんかじゃない。それに、結局嫌だ嫌だと言いながらもそのまま耐えているほうが、エネルギー消費の観点でいったら圧倒的に楽だったりすることもある。僕は、「逃げる」ことで、新たな自分の世界を切り開くことだってできると考えている。

最終的に僕がアメリカ行きを決意した背景には、ずっと目標にしてきた河合さんの影響も大きかった。

２０１７年9月。世界選手権に出場するためにメキシコへ行っていた時、大地震に見舞われた。もちろん、大会は中止。僕たちは生き残ることができて、試合がなくなった分、予定より早く帰国することになった。そのタイミングで一度、河合さんと食事へ出かけた。

「俺が木村の歳だったら、行くだろうな」

海外へ拠点を移すことを考えていると伝えると、河合さんはそう呟いた。自分がもっと若ければと羨むような、そして悔しそうな様子。もう自分にそのチャンスはないと、少し寂しそうでもあった。

やはり、アメリカへ行くべきだ。東京パラリンピックで金メダルをとるために、アメリカで1から頑張ろう。

すでにほとんど決めていたことではあったけれど、僕は河合さんの言葉に背中を押され、アメリカ行きを決意した。


決意したのはいいのだけれど、そうなんでも思い通りにできるほどの力は、僕にはまだない。まずは、所属先である東京ガスに報告し、アメリカ行きへの理解を得ることが必須だった。

「アメリカへ拠点を移すため、近々見学に行こうと思います」

そう伝えると、「そんな急には……」と一旦ストップがかかった。今思えば、当然のことである。

東京ガスはそれまでずっと、僕の希望を尊重し、手厚いサポートで支援してくれていた。それでもアメリカ行きに関しては、やはり二つ返事で許可するというわけにはいかないようだった。

練習環境を日本から海外に移すとなれば、それ相応の理由がいる。「海外で練習をすることで、もっと速く泳げるようになる」という根拠が必要なのである。

ただ、正直にいえば、そんなことは行ってみなければわからないわけだし、根拠なんて自分の中でさえ見つかっていなかった。こんなコーチに師事したい、こんな練習をしたいというのはなくて、とにかく環境を変えたい、というのが僕の率直な思いだった。

だから、特にこだわったわけではないのだけれど、僕は元軍人でトップスイマーのスナイダーの紹介で、彼を育てたブライアン・レフラーコーチに師事しようと考えていた。これまで数多くの金メダリストを育てている名コーチであることは、間違いない。

東京ガスが、当初僕のアメリカ行きに難色を示した大きな理由のひとつは、安全面だった。

ほとんど英語が話せず、知り合いもいない地へ全盲の僕をたった1人で行かせるというのは、あまりに危険だという見解だった。

そこでその対策として、親も一緒に渡米するなら許可するという条件を出された。父は仕事をしているし、そうなると専業主婦の母とともに生活することになる。

でも、それでは意味がない。

僕は一切のしがらみを振り払い、新天地で再スタートを切りたかった。これまでの環境を捨てて、すべて1から学び直そうとしているなかで「お母さんと一緒」では、道なき道を行く感がなさすぎる。親同伴のアメリカ行きはどうしても承服できず、かといってアメリカ行きをあきらめきれず、僕はめげずに単身渡米を訴え続けた。そして、まずは僕の熱意に折れる形で、僕がアメリカで安全に生活できるのかを確認するための、視察目的のアメリカ行きを許してもらった。

＊＊＊

２０１８年2月。僕はブライアンコーチがいるアメリカ東海岸、メリーランド州・ボルチモアへ旅立った。

名目上は視察だけれど、よほど致命的な何かが見つからない限り、そう、自分のなかでは98％くらいは、東京パラリンピックまでの４年間はこのボルチモアで鍛錬を積むのだと決めていた。一応、もう１ヶ所コロラドも候補地に挙がっていて、約１週間の間にその２ヶ所を見て回る行程だった。

さすがに、まともに英語が話せない状態で視察をしたところで情報収集はできない。視察の際は、河合純一さんから紹介された通訳の方を東京ガスが手配してくれて、滞在中のスケジュールをすべてコーディネートしてくれた。担当してくれた新川諒さんは、帰国子女で英語力はネイティブ。アメリカの大学でスポーツマネジメントを学び、日本人メジャーリーガーの通訳などの職を経て、現在はＮＢＡワシントンウィザーズでも仕事をしているという、輝かしいキャリアの持ち主だ。

現地ではコーチやトレーナーに会ったり、語学学校や寮などの住環境をチェックした上で、新川さんに東京ガスへ報告するためのレポートを書いてもらったりした。

とはいえ、僕のなかで、アメリカ行きは決定事項だ。出国前には成田空港でコーヒーを飲みながら、新川さんに「どうにか、アメリカへ拠点を移せるように協力してほしい」と懇願していたくらいだ。

＊＊＊

現地では、スナイダー本人がプールやジムを案内してくれ、コーチを紹介してくれることになっていた。最初の待ち合わせ場所は、アンダーアーマー本社。日本には、こんなにかっこいい待ち合わせ場所はないなと思いながら向かった。

スナイダーがまず紹介してくれたのが、トレーナーのトニー。

彼は日本人がイメージする〝アメリカ人〟そのもので、陽気で豪快な男だった。

ただし、雰囲気でなんとなくそう感じただけで、実際に何を言っているかは全然わからない。若者、とりわけスポーツ界では英語のスラングがよく使われるのだけれど、それらは仮に聞き取れたとしても辞書には載っていないし、自分で使いこなせるようになるのはかなり先だろうなと、少し気が遠くなった。

それにしても、ネイティブの英語は本当に手ごわい。日本人の僕に向けて話すという前提でゆっくり話してもらえる時を除けば、単語はつながっているし、熟語が多用される。一つひとつの動詞を聞き取れて理解できたところで、会話自体の意味はまったくわからないままだ。

僕が新川さんにこう伝えてほしいとお願いした後でも、いざ新川さんが話し始めると、僕が頼んだ内容を話しているようには到底思えず、あらためて自分の英語力に愕然とした。


ボルチモアでの練習拠点となるのは、ロヨラ大学という私立大学のプールで、そこのヘッドコーチが、スナイダーを教えていたブライアンコーチである。

名伯楽ということで緊張する僕をよそに、当のブライアンコーチは非常に穏やかで、厳しく選手を追い込むようなタイプではなさそうだった。少し、安心した。


滞在中は、なんとスナイダーが僕を自宅に泊めてくれた。彼はリオパラリンピックが終わった後、ボルチモアから車で1時間ほどのアナポリスという街に自宅を購入したらしく、そこで母親と2人で暮らしていた。アナポリスはアメリカ海軍の養成学校のある町で、卒業生のスナイダーは、現在はその母校で教鞭をとっている。

「僕の授業では、侍の精神を教えているよ。宮本武蔵の『五輪書』はとてもいい本だよね」

僕は恥ずかしながらその本を読んだことがなかったのだけれど、アメリカ海軍が宮本武蔵の侍魂から学びを得ているとは、なんだか不思議な気分だ。

僕がアメリカ視察へ行った1週間の間には、全米が熱狂するアメリカンフットボールの祭典、スーパーボウルがあった。どうやらその時期のアメリカではあちらこちらでスーパーボウルパーティーなるものが催されるらしく、僕もスナイダーの友人宅で一緒にスーパーボウルを観戦することになった。

ちなみに、アメフトのルールはいまだによくわかっていない。

スナイダーは友人宅でのスーパーボウルパーティーだけでなく、近所のカフェやレストランなどにも僕を連れて行ってくれて、視察というより、もはやボルチモア旅行のようになっていた。

そのなかで、スナイダーは自らの考えを僕にたくさん聞かせてくれた。それは水泳のトレーニングのことだけでなく、アメリカという国のこと、パラリンピックのこと、選手としてのキャリアのこと、戦争のことなど、実に多岐に渡った。

そして、僕がボルチモアで練習することを選んだ暁には、最善のサポートをすることを約束してくれた。

会社にアメリカ行きを申し出てから半年以上が経った、2018年4月26日。

僕は9年過ごした下高井戸の家を引き払い、不退転の覚悟でボルチモアへ向かった。視察を経て、ついに東京ガスがアメリカへ拠点を移すことを認めてくれたのだ。その約3ヶ月後には、国際大会出場のため一度帰国する予定だったから、実際には3ヶ月のトライアルという位置づけだった。また、僕の生活面、安全面を心配して、軌道に乗るまでの最初の1ヶ月間は、新川さんや東京ガスの社員の方など、誰かしらがボルチモアに滞在して、僕をサポートしてくれることになった。会社のなかで僕のアメリカ行きを認めてもらうために奔走してくださった関係者の方々、そして他の仕事をやりくりして現地でサポートしてくださった皆さんには、本当に感謝しかない。

小学1年生から滋賀の盲学校で寄宿舎生活を送り、中学1年生からは上京して寄宿舎生活を送っていた僕にとって、下高井戸は人生で最も長い9年もの歳月を過ごした思い出の場所だ。不動産屋に部屋の鍵を返す瞬間は、さすがにこみ上げるものがあった。恥ずかしくて足早に立ち去ったせいで、せっかく買っておいたお礼の菓子折りを渡しそびれた。

ボルチモアでの出会い

ボルチモアに着いた翌日から、早速ブライアンコーチの元で練習を始めた。

「初日だから軽めに」と言われながら、泳いだ距離は4800ヤード、約4・4キロメートル。実は、アメリカの一般的なプールは25ヤード（22・86メートル）とかなり短い。レース本番は50メートルプールで泳ぐわけで、日本では普段から50メートルプールで練習をしていた僕にとって、ターンの回数が多くなったことであまりキツくは感じなかった。

そして、視覚障害者の水泳で最も特徴的な「タッピング」についても、文化的な違いを感じた。

通常僕たちが泳ぐ時は、ターンやゴールタッチの際に、コーチにプールサイドからやわらかい棒で頭や背中を叩いてもらい、壁が迫っていることを知らせてもらう。これを、タッピングという。壁に激突して怪我をすることを防ぐのはもちろん、競泳においてターンとタッチは、順位やタイムを左右する大きな局面なので、そういう観点からしても、僕たちにとってタッピングはとても大切だ。

日本にいる時は、可能な限り練習の時にもタッピングをしてもらうように頼んでいたが、アメリカでは基本的にはなし。選手によっては、プールのスタート地点とターン地点両方にホースを設置し、スプリンクラーのように強めの水しぶきを上から浴びるのを合図にして練習する人もいた。その方法だと人の手を借りなくていいなと思って僕もやってみたけれど、慣れるまでは水を大量に飲んでしまい、かなり苦しかった。

日本でもタッピングなしで練習することはあるから、ストローク数を自分で数えながら泳げば問題ないのだけれど、いかんせんプールが短いため、かなり早く壁につくのが怖い。同じ距離であれば、ターンで壁を蹴る回数が多いほど速く泳げるわけで、自分がものすごく速くなったかのように錯覚してしまう。

この先は、一体どんな練習があるのだろうか。

この環境のなかで、どこまで追い込めるのか。

初日はさほどキツくない練習だったために、この程度でよいのかという不安が少し残った。軽めだっただけならよいが、これが通常になるようでは困る。

わがままを言ってアメリカに来させてもらっているのだから、僕は必ず結果を出さなければならない。協力してくれた会社やいろんな人に、木村をアメリカに行かせてよかったと思ってもらえるような実績が必要なのだ。


ボルチモアに来て3日目は、朝6時過ぎにプールへ向かった。そこで、その後の僕のアメリカ生活で最強のトレーニングパートナーとなる人物に出会うことになる。練習拠点であるロヨラ大学の当時4年生で、リオパラリンピック金メダリストのマッケンジー・コーン。

バイタリティにあふれた、今時の女子大生だ。とにかく猛烈に早口で、おしゃべり。とりあえず挨拶をしたけれど、何を話しているのかほとんど何もわからなかった。彼女は骨に障害があり、身長が低く骨折しやすい体質だった。


いざ練習が始まると、マッケンジーはアップからかなりのスピードで泳ぐ。僕も彼女に合わせるように泳いだが、かなりキツかった。一方、彼女は余裕がありそうだ。前日のメニューは、やはり軽めだったのだとわかった。

水泳の練習メニューは、種目、距離、本数、そして何秒以内に1往復するというインターバルで構成されている。

たとえば「50メートルを10本、バタフライで」というような感じで、インターバル以外はなんとなく聞いてわかるのだけれど、肝心の「どのくらい本気で泳げばいいのか」というインターバルが全然聞き取れない。インターバルが1分であれば、この場合1分以内にバタフライで50メートルを泳げばいいということで、そこそこ余裕がある。一方、インターバル40秒といわれたら、それなりに力を入れて泳ぐ必要がある。

恐らく、練習メニューはホワイトボードにも書かれているのだろうけど、それも読めないし、隣で泳いでいる選手の様子も見られない。

そういう時はしかたないので、「レディー・ゴー！」と言われてからつぶれるまで、もう全力で泳ぐしかない。

＊＊＊

僕は練習と並行して、英語の勉強のために語学学校へ通うことが視察を経て決まっていた。ロヨラ大学に隣接するノートルダム大学のなかに、留学生のための語学学校があった。ボルチモアでの最初の1ヶ月はホテル暮らしで、6月からはこのノートルダム大学の寮で暮らす。語学学校への入学も6月の予定だったが、まずは1ヶ月お試しで授業に入れてもらえることになった。

語学に関しては、子供であれば生活しているだけでどんどん修得していくけれども、僕ほどの歳になると、ちゃんと自発的に勉強しない限りは一向に話せるようにならない。外国に住んでいるだけで、その国の言語がペラペラになるというのは、子供にしか通じない誤解である。

語学学校での授業初日、自分はまったく歯が立たないだろうなと覚悟して乗り込んだのだけれど、他の生徒たちも全然話せていなくて、逆に驚いた。

先生からの〝Why do you learn English ?〟（なぜ英語を学ぶの？）という質問に対して、まともに返答できている人がいない。なかには〝I like English !〟なんて言っている奴もいた。

僕が入れてもらう予定のクラスには、サウジアラビア人が４人と、ベラルーシ人が１人いた。授業料だって決して安くはない金額なのに、そのうち２人はどうやら話を聞かずに居眠りしているみたいだ。

とりあえず僕は、あっという間に１段上のクラスに昇格できることとなった。

語学学校での授業は、大学の頃と同じように点字のパソコンを持ち込んで、プリント類はあらかじめ先生からデータで送ってもらうようにお願いしていた。教科書も基本的にはデータでもらえたのだけれど、一部、古い書物で本当に紙のテキストしかないようなものもあった。

それに関しては、なんと語学学校でインターンをしていた韓国人・ヒスがすべてパソコンで打ち込み直してデータ化してくれて、本当にありがたかった。ヒスは母国語の韓国語の他に、日本語、中国語、英語が話せて、その国のドラマを見ていると大体話せるようになるという。どこの国にも、天才っているんだなと思った。

ほどなくして、語学学校のクラスのレベルが1つ上がると、だいぶ授業らしくなってきた。イメージとしては、中学校の英語の授業が、英語のみで進められていく感じ。紙のテキストしかない時には、クラスメイトたちが交代で読んでくれたのだけれど、英語の発音がそれぞれかなりなまっていて、聞き取るのに苦労した。特に、コートジボワール人のイブラヒモはよく僕を助けてくれたのだけれど、フランス語を母語としていてHの音が発音できない。

〝He has to do homework.〟

これが、イブラヒモの発音だとどう聞こえるかというと、次のようになる。

いー　あず　とぅー　どぅー　おーむおーく。

これはかなり厄介だったが、ここで鍛えられれば、アフリカ諸国に旅行へ行った時に自信を持って会話ができそうだ。今のところ、その予定はないのだけれど。

このイブラヒモはユニークな奴で、度胸もあった。ある日、「アメリカ人4人にインタビューをしてこい」という宿題が出され、他の学生が「アメリカ人の知り合いは4人もいないよ」と戸惑うなか、イブラヒモだけは「アメリカ人なんて、そこらへんをいくらでも歩いているじゃないか」と言いながら颯爽と教室を出て行った。

またある時には、グループワークで協力してアンケートの集計をしていた時、突如「悪い、俺、約束あったんだ！」と、先生に断りもせずいきなり帰った。どんだけ自由やねん。その度胸、ちょっと僕にも分けてほしいと思う。

僕はその語学学校で初めての全盲の生徒だったのだけれど、僕の受け入れを決めてくれた先生たちや、インターンのヒス、クラスメイトのイブラヒモらの助けもあって、順調に授業を受けることができた。

ただ一度だけ、どうしようもない壁を感じた瞬間があった。

その日の課題は、いくつかのグループに分かれ、そのグループごとにマシュマロとスパゲッティを使ってタワーを作り、一番高いタワーを作れたチームが優勝、というもの。このような時、視覚障害者は本当に無力で、何もできない。少しでも手を伸ばして触ろうものなら、それまでみんなが積み上げてきたものを一瞬で破壊してしまう。

さらに悔しいことに、こうしたアクティビティは、たとえ言葉が通じ合わない者同士でも、ジェスチャーだけで意思疎通ができ、一致団結する絶好の機会だ。そういう意味でも、僕は取り残されることになる。

圧倒的疎外感。

その時ばかりは、もう、帰りたいと思ってしまった。「言葉の壁なんて、心が通じ合えていれば簡単に越えられるのさ」なんて言う人がいるけれど、黙ってほしい。

いいや、やっぱり、黙ってもらっては困るのだけれど。

＊＊＊

ボルチモアでは、現地に住む日本人の方にもかなり助けてもらった。「これぞアメリカンドリーム」というような巨大な家に住んでいる、ファイナンシャルアドバイザーのれいこさん。アメリカ人のご主人がいて、その豪邸の敷地面積はアメフト場よりも広い１・２エーカー（約４８５６平方メートル）。庭には滝が流れ、地下にはピアノとバーカウンターがある。

ファイナンシャルアドバイザーとは、資産の運用の仕方を指導する仕事で、たとえば、ある日突然巨額の富を手にしたにも関わらず、散財して結局その後の人生を狂わすことになってしまう……というような事態を避けるために、そうした人々を助ける仕事らしい。れいこさんのクライアントには、プロスポーツ選手も多いみたいだった。いつか自分も大金持ちになったら、あらためてお世話になりたい。

そしてもうひとり、上原美穂さんにも大変お世話になった。美穂さんのご主人は、元メジャーリーガーの上原浩治さん。上原さんがメジャーに挑戦した時の最初のチームがボルチモアオリオールズで、その後いくつかチームを経て日本球界で引退されたけれど、美穂さんと息子のカズ君は、ずっとボルチモアに住んでいた。

れいこさんと美穂さんには共通点があり、とにかくパワフルだった。

「どこに滞在しているの？」

「いつでも泊まりに来ていいからね」

「好きな食べ物は何？　いつでも作るよ」

「プールはどこ？　送っていくよ」

「炊飯器が欲しい？　貸してあげるから持っていきな」

矢継ぎ早に質問が飛んできて、一瞬で解決していく。今となっては僕もすっかり図々しくなってしまい、ご飯を作ってもらうどころか、たまっていた洗濯物を持っていき、食事の間に洗濯してもらい、コーヒーまでいただいて好き勝手しゃべった挙句、帰るのが面倒になったら泊まらせてもらっている。世話になりっぱなしで、本当に頭が上がらない。


異国の地での日本人との距離のとり方は、すごく難しい。相手が日本人だと、頼みたいことはいくらでも出てくる。すんなり言葉が通じる分「今、どう思われているんだろう」、「ヤバい、失礼だったかな」と、気を揉むことが多くなる。

一方、言葉が十分に通じ合えてない場合は、何かを頼んだとしても、〝Ｙｅｓ〟か〝Ｎｏ〟の２択。その行間に何か含みがあったとしても僕は理解できないし、結果として、そんなことは気にしなくなる。

けれどもこの問題さえ、れいこさんと美穂さんに関しては杞憂で、お二人はいつも、「無理な時は無理って言うから」と、実に明朗だ。それもあって、甘えさせてもらえる時にはあれこれ考えるのをやめて、容赦なく甘えることにした。

ボルチモアに来て約1ヶ月、5月末には、5日間も上原家に泊めてもらうことになった。メジャーリーガーの家にホームステイなんて、えらいことになってきた。

上原さんのお住まいもとにかく広くて、寝室からシャワールームまで、白杖がないと移動できない。

僕はお好み焼きが大好物で、初日には、大阪にある上原さんの実家のお母さん直伝のお好み焼きをふるまってもらい、永久に食べられるのではないかと思うほどおいしかった。この日から5日間、毎日日本食を食べさせてもらい、アメリカの脂質の多い食事で荒れていた肌から、一気ににきびがなくなった。

上原家に滞在させてもらっている間は、プールまでポルシェのオープンカーで送ってもらっていた。まったく、一体僕は何様のつもりなんだと、我ながら呆れた。

そういえば、ブライアンコーチも、れいこさんのご主人のトムさんも、みんなオープンカーに乗っている。この国の人たちは、やたらと屋根を開けたがる。雪で閉ざされる冬以外は、太陽が出ている限りできるだけその光を浴びたい、ということらしい。ちなみにオープンカーは和製英語なので、ネイティブには通じない。正しくは〝convertible〟ということを、この時初めて知った。

＊＊＊

ホテル暮らしは5月いっぱいで終わり、6月からはいよいよ学生寮に入寮することになっていた。

ところが、メンテナンスだなんだと理由をつけられ、結局ホテル暮らしを2泊延長。6月3日、ようやく鍵を受け取り、僕はついにボルチモアでの我が家を手に入れた。

部屋は、広かった。どういうわけか、中がつながっている2部屋が割り当てられ、315号室と317号室が我が家になった。部屋の間にはバスルームがあり、バスルームを通り抜けることで2つの部屋の行き来ができる。恐らく本来は、各部屋に1人ずつ住んで、バスルームを共有する仕組みなのだろう。

思いがけず、いい生活ができそう。東京で住んでいたアパートよりも広い。片方の部屋にはソファもあり、そちらに冷蔵庫や炊飯器も置いてキッチン兼リビングに、もう一方の部屋はベッドと机があるため寝室として使おうと決めた。

寝室にはクーラーもついていて、後から聞いた話だと、クーラーがある部屋に当たるのはラッキーらしい。ちなみにボルチモアの夏は東京とさほど変わらぬ暑さで、クーラーのない部屋に当たっていたら、帰国を検討しないといけないところだった。

入寮日、日用品やらを買い揃えて寮に戻ると、もう午後9時を過ぎていた。支給されたカードキーを使って玄関から入ろうと思うのだけれど、何度カードキーを入れても一向に反応しない。

あたりに人の気配もなく、土砂降りの中でひとり立ち尽くしていると、偶然、学生が1人帰ってきて玄関を開けてくれた。

名前はアンナ。どうやら同じフロアに住んでいて、3階の責任者らしい。翌日、一緒に新しいカードをもらいに行ってくれることになった。さらに、一緒に朝ごはんを食べにスターバックスへ行くことになった。

翌朝、8時10分にアンナが僕の部屋に迎えに来てくれた。8時15分と言ってたけれど、少し早い。そこから一緒にスタバで朝食をとり、カードキーの再発行に付き合ってくれた。どうやら僕がもらっていたのは、1日限定のゲストパスだったらしく、まだ正式な学生とは認めてもらえていなかったようだった。


1人で寮生活を送っていく上で、一番大変なのはビュッフェスタイルの食堂。受付で学生証を見せて入るので、ここで毎回サポートをお願いすることになる。語学学校の方からも、サポートが必要なことは何度も寮側に伝えてもらった。受付のお姉さんはすぐに僕を覚えてくれて、いつも颯爽と助けてくれたのでありがたかった。

ビュッフェの品数自体はそれほど多くないものの、選ぶためにはまず何があるのかを聞き取って、欲しいものを伝えないといけない。ハンバーガーとかトマトとかミルクみたいに、知っているものなら楽勝だけど、聞いたこともない食材が登場すると大変だった。

「〝squash〟食べる?」

「それ、何ですか?」

「うーん、野菜かな」

「じゃあ、いただきます」

「〝peas〟食べる?」

「それ、何ですか?」

「うーん、野菜かな」

「じゃあ、いただきます」


結局、食べてみるまで何かはよくわからなかった。

「なんだか今日の食事はハズレだったな」と思って午後の授業に行ったら、クラスメイトから「今日の食堂、サラダラップとかあってアタリだったよね」と言われたりして、がっかりすることもあった。お姉さん、サラダラップがあるなんて教えてくれなかったな。ラインナップが豊富なわけではないから、わずかなものを逃しただけでもショックは大きい。

全体が見えないって、なんて不便なんだろう。28年生きてきて、その時にようやく目が見えないってなかなか大変なことだと気がついた。これからは「見えないって大変ですね」と言われたら、自信をもって肯定しよう。

＊＊＊

6月も半分ほど過ぎたある日、ブライアンコーチがいきなり「明日から練習は早朝6時スタートにしよう」と言ってきた。それまでは9時スタートだったのが、突如早くなった。朝練は日本でもよくあったから慣れっこだし、別に驚きはしないけれど、朝練に備えて今日から早く寝ないといけない。

ところが、そんな日に限って、真夜中にけたたましいサイレンの音で起こされた。最初は寝ぼけていてなんのことかわからず、しばらく部屋をうろうろしていたが、どうやらサイレンは学生寮の廊下から聞こえているようだ。非常ベル。火事なのだろうか？

僕は「私は3階の責任者だから、何かあったら連絡してくれ」と言っていたアンナを思い出し、電話して聞いてみることにした。よくわからないけれど、「とりあえず、外に出ろ」と言っているみたいだった。

これは、もしかして本当に非常事態なのだろうか？

急に不安な気持ちがこみ上げてくる。結局「まだ部屋？　じゃあ今いくよ」と、息を切らしてアンナが助けにきてくれて、なんて頼りになるのだろうと感激した。

アンナと一緒に寮の外へ出ると、たくさんの人が避難していて、まもなく消防車が到着した。なんだか大ごとだ。とりあえず、避難している間に蚊に刺されまくった。

結局、特に異常はなく、ただの誤報だった。しかし僕はこの後部屋に戻っても眠れず、ボルチモア初の朝練は、完全な睡眠不足で迎えることとなった。

この夜中の非常ベルの誤報は、その後もかなり頻発し、ことごとく睡眠を妨害してくる。みんな誤報だとわかってはいるのだが、必ず消防車も来るし、異常がないことが確認されるまでは、学生は全員外で待たなければならない。どうか、本当の火事は起きませんように。

＊＊＊

最初は一応3ヶ月のトライアルということになっていたけれど、ボルチモアに拠点を移してから最初の大会となる8月の国際大会で僕は自己ベストを更新でき、自信を持ってアメリカでの練習を継続できることになった。


9月になると、新学期が始まる。寮もプールも突然学生が増え、僕はもっと友達を作りたいなと思っていた。

それまでは、寮の食堂に行くと受付のお姉さんがサポートしてくれていたけれど、食堂を利用する学生の数が増えたことで、学生たちが僕に「手伝おうか？」と声をかけてくれるようになった。最初に助けてくれたのは、ティアラというジャマイカ出身の学生で、そのまま同じテーブルで食事をする流れになった。これはわりと簡単に友達ができるかもしれない。

継続して声をかけてもらうためには、強烈なインパクトを相手に与える必要がある。はたから見たらかなり痛々しいかもしれないが、手伝ってくれた子たちに自分を覚えてもらうために、僕は水泳の選手をやっていて、どれだけ俺様がすごい選手かということを語りまくった。ネットに出ている自分の動画を検索させたり、自分のショートムービーを見せたり。相当痛い奴だったと思うけれど、これによって彼らは僕のことを認識するようになってくれたと思う。

もう1人仲良くなれたのは、インド出身のチャーミー。いつも友達に囲まれた人気者のようだが、僕を見つけると飛んできて、どんどん料理をとってくれる。そして、「〝Thank you〟とか、〝Sorry〟とか、いちいち言わなくていいんだよ」なんて言ってくれたりする。

語学学校のクラスはもう1段上がり、小さな学校なのであっという間に最上級クラスに昇格してしまった。

そして、初回の授業で完膚なきまでに打ちのめされた。

先生から出されたテーマに沿ってディスカッションをするのだが、みんなが何の話をしているのか、まったくわからない。ただただ自分に当てられないことを願いながら、時間が経つのを待つことしかできなかった。

これは、たまらん。絶対無理だ。ついていけそうにない。授業後、必死に先生に伝えたが、「まあ次回、もう1回来てみなよ」と言われて終わった。

語学学校には先生とは別に、ディレクターとよばれる人がいる。要は、学校全体の責任者で、学生のケアもしてくれる存在。名前は長いので、みんなＭＢと呼んでいる。

僕が入学する際には、視覚障害者を受け入れた前例がないなかで、このＭＢの一言が決め手となって入学を許可された経緯がある。英語の勉強のことはもちろん、学内での生活のこと、トレーニングのことまで、いつも親身になって相談に乗ってくれる。

今回もＭＢに相談にいって、クラスのレベルを落としたいと騒いでみた。「でも、一応テストの結果を見る限り、このクラスで大丈夫だよ」と言う。

「いやいや、それでもダメなんだ」と食い下がると、「そんなに言うならもう一度テストを受けてみよう」ということになった。

そして、再テスト。途中で気がついたのだが、テストは、前回とまったく同じ問題だった。

「前回よりよくできているよ」と言われたが、当たり前だ。

＊＊＊

新学期が始まってから、約２週間。９月15日からの２日間、カリフォルニアクラシックという小さな大会に出場した。

カリフォルニア州は、アメリカの西の端っこ。僕が住んでいるボルチモアは、東の端っこ。

そう、めちゃくちゃ遠いのだ。国内なのに、飛行機で５時間半もかかった。

アメリカ国内を移動するのによく使われるのが、サウスウエスト航空。座席は指定されず、早い者勝ち。みんなバスに乗る感覚で飛行機に乗る。

飛行機で5時間半も移動すれば、時差も3時間ある。もはや外国だ。

さらにいえば、空港からホテルまでとんでもない渋滞にはまって4時間半かかった。合計したら、移動に10時間以上。ここまでくると、その時間があれば日本に帰れたんじゃないかと思ってしまう。

こんなことを当たり前にやっているアメリカのアスリートは、やはりタフだ。勝てる気がしない。メジャーリーガーなんて、この移動を3日に1回やるらしい。超人である。

カリフォルニアクラシックの会場はとてものどかで、使用するのは屋外の50メートルプール。失礼だけど、田舎の中学校のプールみたいだった。

初日の午前中は、400メートル自由形。あれだけ長距離は嫌だといっていたのに、なんかうまいことごまかされてエントリーしてしまった。

このレース、ターンの合図を出してくれるタッパーは、まさかのマッケンジーのお母さん。会うのはその日が2回目だった。「水泳のコーチをやっているから大丈夫」と言われたが、何が大丈夫なのかわからない。日本では「日頃から一緒に練習をしている人に担当してもらわないとダメなんだ」と主張しているのに。

そうはいっても、与えられた環境で戦うしかない。

むしろ、与えられているだけ幸せだ。レースが始まる少し前に、スタート台までマッケンジーのお母さんが連れて行ってくれる。ここでは、僕が出場するレースまであと何組だとか、そろそろゴーグルをはめたほうがいいよなど、周囲の状況を説明してもらう。

ところがこのお母さん、何を言っているかが全然わからない。アメリカ、特にジョージア州などの南部は、英語でもなまりがかなりきつい。僕はまだ、きれいな英語ですら聞き取るのがままならないのに。後にマッケンジーから、「ごめんね、うちのママ、何言ってるかわからなかったでしょ！」と謝罪された。

そんなわけで、スタート前から、神経はすでにすり減っていた。

なんやかんやで、どうにか４００メートルを泳ぎきる。もともと遅いので、記録はそれほど悪くなかった。大満足だ。そして、お母さんもそつなくこなしてくれた。たぶん僕が遅かったから、簡単だったのだと思う。

レースが終わって昼食に行くと、選択肢は２つ。「ピザとサンドウィッチ、どっちがいい？」と聞かれた。正直、どっちも嫌だ。レースが終わった後は、内臓もかなり疲れているから、軽くてあっさりしたものしか食べたくない。しかも、午後にもレースが残っている。うどんが食べたいなと思った。

そうはいっても、与えられた環境で戦うしかない。大事なことなので二度お伝えする。

苦しかったけど、結局サンドイッチを半分食べた。周りのみんなは、ぺろりとフルサイズを食べている。その日の午後は50メートル平泳ぎで、午前中の400メートルに比べれば距離が短い分、すごく気楽だった。世界記録を出そうとフルパワーで泳いだが、力みすぎて0・2秒足りなかった。

大会2日目。100メートル平泳ぎの準備中、ブライアンコーチが、「前半の50メートルでもう一度世界記録を狙おう」と言ってきた。

100メートル種目は、50メートルの通過タイムであっても世界記録として認めてもらえる。つまり、ギリギリ届かなかった昨日のリベンジができる。

「前半ですべての力を使い切って、後半はどれだけ遅くてもいいから」

ブライアンコーチは、たしかにそう言った。

そして本当に予定通り、僕は50メートル平泳ぎの世界記録を更新した。ちなみに後半は本当に遅かったので、前半を世界記録でターンしたが、ゴールしたら最下位だった。

＊＊＊

12月1日、ボルチモアに来て最初の冬、僕のアメリカトレーニングを実現させてくれたスナイダーの家に遊びに行くことになった。1人で行くのは初めてだ。タクシーで片道1時間、60ドル（約6500円）。日帰り旅行にしては高いけど、移動距離にしては安いと思う。

スナイダーの自宅のドアを開けると、盲導犬のギジーが出迎えてくれた。日本の盲導犬はラブラドールとかゴールデン・レトリバーが多いけれど、ギジーはジャーマンシェパード。背中に乗れそうなほど、大きい。

家にお邪魔すると、スナイダーがすぐにコーヒーを入れてくれた。「アメリカのコーヒーメーカーは出来が悪いから、象印を使ってるんだ」と言われ、なんだか誇らしくなった。

語学学校のこと、トレーニングのこと、英語のこと……とりあえず相談したかったことは全部話せた。スナイダーは、すごくクリアに喋ってくれるからわかりやすい。

お昼はスナイダーのお母さんがホットサンドウィッチを作ってくれた。焼きたてのソーセージとピーマンが入っていて、シンプルでおいしい。

その後もまたコーヒーを飲みながら、暖炉の火にあたって、他愛も無い話をする。そして話をしながら、犬と遊ぶ。なんだかものすごく、優雅な時間を過ごした。

救世主・マッケンジー

年が明けた2月のある日、練習後にブライアンコーチから、「うちのお姉さんが校長を務めている学校で来週イベントがあるから、敬一とマッケンジーで行ってきてくれないか?」と頼まれた。

パラアスリートが学校を訪問して、子供たちに話をするのは、日本でもよくある。社会貢献はアスリートの義務だ。

喜んでお受けしたいところだが、果たして僕に務まるのかという不安を口にした。すると、「問題ない。一緒に写真を撮ったり、サインしてあげたりすればいいから」と言う。たしかに、それだけでいいのであれば、僕でも十分対応できる。

とりあえず、英語でサインを書けるようになろう。

点字でしか読み書きができない僕は、普通の文字が書けない。かろうじて自分の名前だけは漢字で書けるけれども、アルファベットは未開拓。急いで語学学校のディレクター、MBのところに行って事情を説明し、どうにか〝Keiichi〟だけは書けるようになった。アルファベットって、漢字よりずっと書くのが簡単なんだな。この時、初めて知った。

いつも同じプールで練習しているマッケンジーは、骨の成長がうまくいかない障害で、身長も低い。彼女のカテゴリーではぶっちぎりで強く、リオパラリンピックでは、3つの金メダルを獲得している。

この時にはロヨラ大学を卒業していて、卒業後も大学に残ってトレーニングを続けていた。実は毎朝練習に行く時は彼女が車で迎えに来てくれて、練習後には寮まで送ってくれる。僕のボルチモアでの生活を一番支えてくれているといっても過言ではない、最強のトレーニングパートナーだ。

「そういえば、明日は学校へ行く日だよね。さっき先方からメールが来ていたから、スピーチしてほしい内容を転送しておくね」

翌週、練習後にマッケンジーからそんな言葉をかけられた。スピーチがあるとは、聞いてない。ブライアンコーチの話だと、サインと写真撮影だけだったはずだけれど、しゃべらないといけないのか。そうなると、急に緊張してくる。

マッケンジーから転送されたメールを読むと、スピーチの内容は視覚障害のことや水泳を始めたきっかけ、といった当たり障りのない内容だった。日本でやる講演会ならむしろ物足りないぐらいだが、これをすべて英語で話すとなると、荷が重い。

とりあえず英語の原稿を作り、それを丸暗記して臨むことにした。

マッケンジーの運転で小学校へ向かう。

「私たちの他にもたくさんスピーカーがいるから、まあ5分も話せばいいと思うよ。てか、日本でもよくやってるでしょ？　緊張するなって！」

マッケンジーは明るく励ましてくれるけれど、無理だ。自分の原稿を、心の中でずっと復唱している。

学校に到着すると、確かに他にもたくさん人がいた。いるにはいるのだけれども、思っていたのとは全然違う。僕がイメージしていたのは、広い体育館のようなところにみんなが集まり、順番にスピーチをする流れだ。

ところが実際は、学年ごとに担当が振り分けられた。

「あなたは1年生に話をしてください」

「あなたは5年生の担当です」

そんなふうに役割があり、そうなると、それなりに長時間話さないといけないような気がする。

マッケンジーと僕がスピーチをする相手は5年生。子供たちが着席するなり、マッケンジーの独演会が始まった。完全に教室を支配してスピーチを進めていく。子供たちも彼女の話に真剣に聞き入っていた。

「私は、骨が折れやすい病気です。さて、ここでみんなにクイズ。今までに、私は何本骨を折ったでしょうか?」

子供たちが、口々に「10!」「100!」と声を上げる。

「よーし、みんなよくできました。正解は、たくさん折りすぎて、何本か覚えてませーん!(笑)」

日本だとドン引きされそうなブラックジョークだけれど、アメリカの子供たちにはこれが大ウケだった。そして、マッケンジーが続ける。

「今日は、私の練習パートナーがはるばる日本から来ているから、紹介します!」

いよいよ、僕の出番だ。僕は暗記してきた原稿を、そのまま吐き出すだけ。大量の汗をかきながら、どうにかしゃべり終えた。ほっとするのもつかの間、マッケンジーがまた「それでは、ここからはみなさんからの質問を受けます！　なんでも聞いてね！」と話し出す。英語での質疑応答は、僕にはまだかなりハードルが高い。まして、相手は小学生の子供たち。文法なんてまるで無視した話をするから、何を言っているのかさっぱりわからない。頼むから、僕には何も聞かないでくれ、と思う。

「あのー、目が見えないってことは……」

いきなり、僕への質問が来た。全然聞き取れない。どうしようかと一人焦っていると、マッケンジーが状況を察して、子供が話す英語を、僕が聞き取れる教科書英語に訳して伝えてくれた。僕はマッケンジーの通訳によってなんとか質問を理解し、それに答える。けれども、今度は子供たちの反応が悪い。どうやら僕の発音が悪くて、内容が伝わっていないらしい。ちょっと、泣きそうになる。

するとここでも、マッケンジーが助け舟を出してくれた。僕の汚い発音に耳を澄ませて理解してくれ、子供たちにもわかるよう、綺麗な英語に訳してくれた。これでなんとか乗り切れそうだ。

するとすぐさま、次の質問。「あのー、日本ってー……」と、ある子供が切り出した。そんな、また僕だ。

結局、僕への質問の時には、マッケンジーがその後も逐一英語から英語に訳してくれたことによって、どうにか成立した。僕はずっと冷や汗をかきっぱなしだったけれど、この苦い経験は大きな学びになった。「子供たちから学ぶことはたくさんある」とはよくいうが、本当にその通りである。

この講演会の最後には、マッケンジーがリオで獲得した金メダルを子供たちに披露した。ちなみにリオでは、日本選手団全体で金メダルがゼロ。僕もリオの金メダルは触ったことがなかったから、どさくさにまぎれて触らせてもらった。ひんやりとしていて、すべすべで、重い。

やっぱり金メダルはいいいな、と思った。

＊＊＊

2019年6月、渡米から1年以上が経ち、2回目の夏がやってきた。トレーニングをしながら語学学校で学ぶという生活はすっかり定着し、たくさんの人が、「英語がすごく上達したね」と言ってくれるようになった。自分としては、実際のところはどうなのか、よくわからない。成長が数字としてはっきりわかる水泳って、やっぱり素晴らしいと思う。

6月は、メンテナンスの関係で、寮の食堂が開かない日が何日もある。ボルチモアに来て間もなかった昨年は、れいこさんや美穂さんに甘えさせてもらい、なんとか生き延びることができたが2年目ともなると少し余裕ができ、外食したり、自力で出前を頼んだりできるようになった。

新型コロナウイルス感染症の流行によって、日本でもかなり定着した〝Uber Eats〟。実は、アメリカでは新型コロナの流行前から多く利用されていて、利用できる店舗数はとんでもなく多い。僕もヘビーユーザーである。

最初の頃は、日本食レストランで寿司やラーメンを頼んでみたり、他にも中華や韓国料理といったアジアの食事を頼んだりすることが多かった。何件かそれを繰り返すうちにわかったのだけれど、あまりおいしくない。うどんを頼んだ時、麺と同じくらい椎茸が入っていたことがあり、13ドル（約1500円）とまあまあ高かったけれど、さすがに我慢できずに残してしまった。

そんな失敗を繰り返すうちに、変に抗うことなくピザやコーラを頼んでいれば間違いないということにようやく気がついた。

外食先としては、〝Miss Shirly's〟というメリーランド州で一番のブランチが食べられるカフェがお気に入りだ。アメリカ人は、ブランチをこよなく愛している。土日の昼前なんか、ブランチなのに2時間待ちなんてこともザラだ。それでも、みんな待つ。それほど、おいしいお店だった。

僕はよく、土曜日の練習終わりに水泳部のみんなでここに来てブランチを食べるのだけれど、素晴らしいことに、このカフェには点字のメニューも置いてある。

メニューをちゃんと読んでみてわかったのだけれど、カフェの料理名って、すごく難しい。あまり出会わないような単語が乱立している。シンプルに、「サンドウィッチ」とか「パンケーキ」と書いてくれればいいのに、「地中海の素材をふんだんに使った、シェフが強烈にお勧めする、驚くほどおいしいサンドウィッチ」みたいな、長ったらしい表現をしていることがよくある。大半がいらない情報だし、驚くほどおいしいかどうかは客が決めることだ。

そういうわけで、みんなで食べに行った時に、僕だけちんたら点字のメニューを見ていても決められないから、結局いつも誰かに読んでもらっていた。

でも、いい加減自分でその長ったらしいメニューを読みたくなって、ついに、日曜日に1人で来店した。とりあえず、おかわり無料のコーヒーだけを先に注文し、辞書を引きながら2時間、メニューを熟読した。店員さんは、コーヒーのおかわりを注いでくれるたびに、「決まった？」と聞いてくる。申し訳ないと思いつつ、注文前にコーヒーを5杯飲み、その間にすべてのメニューを完全に把握した。

一度ひとりで行けるようになると、なんだかすごく楽しくなり、それ以来、僕は毎週日曜日にそのカフェへ通うのが習慣になった。そのうち、他の常連さんや店員さんとも会話をするようになる。

「あなた、どこから来たの？」

「日本だよ」

「まぁ、日本！　私の元カレも日本人だったのよ。福島出身だったわ。ハシモトコウタという男」

綺麗な女性店員さんとそんな会話をし、日本人でもこんな素敵なアメリカ人のお姉さんと付き合える人がいるのかと驚愕した。

ところで、ボルチモアの名物はシーフード。特にカニとロブスター。7月に日本から東京ガスの方々が来てくれた時、シーフードレストランに行った。ボルチモアに来たら一度は行っておかなければいけない、〝Phillips〟というお店。

そこで注文をとりにきたお兄さんが、流暢な日本語で話しかけてきた。きっと、日本人なんだろう。

「日本の方ですか？　僕、ハシモトコウタといって、福島から来てるんですよ」

間違いない。

日本国内ならまだしも、このボルチモアに、福島出身のハシモトコウタという人間なんてそう何人もいるわけがない。この人が、あのカフェのお姉さんの元カレだ。

「あぁ、あなたがハシモトコウタさんですか」とは言えなかったけれど、僕は勝手に興奮していた。

ボルチモアは、アメリカのなかでも日本人が決して多くないエリアだ。というより、もうボルチモアにいる日本人はみなどこかでつながっている。「すごく小さな世界」という意味で〝smalltimore〟という言葉があるのだけれど、まさにそれだ。

そして、このハシモトコウタ氏は、れいこさんや美穂さんともつながっていた。

地元の盲学校へ

ボルチモアでの生活が2年目を迎え、少し精神的に余裕が生まれると、せっかくアメリカに来ているのだから、もっと地元の人たちと関わって、世界を広げたいと思うようになった。

別にものすごく英語に自信がついたわけではないけれど、それなりに会話は成立するところまできた。それに、あまりにも通じなければ、謝って逃げ帰ってくればいい。僕はボルチモアにも盲学校があることを知り、そこにいる視覚障害者と交流してみたいと考えた。

近所にある盲学校のHPを見てみると、7月に1週間かけて、視覚障害を持つ子供を対象としたスポーツイベントを開催するらしい。

これだ。行くしかない。

スポーツイベントなんて、もう、僕をよんでいるとしか思えない。

早速、お問い合わせフォームらしきところにメールを送ってみた。

「何を隠そう、俺はパラリンピック出場経験のある水泳選手で、メダリストである。日本からやって来て、ボルチモアのロヨラ大学で練習している。視覚障害の教育にもすごく関心がある。だから、このイベントに参加させてほしい」

要約すると、こんな感じの文章だ。ぶしつけな内容かもしれないが、どうやって書いたらいいかもわからないし、こっちはダメ元。そう思えば無敵だった。

数日後、その盲学校から返信があった。ダメ元だったとはいえ、やはり返信があるとうれしい。「なんて素晴らしいことだ。ぜひ来てほしい。こちらからお金を支払うことはできないが、きっといい機会になるだろう」

想像していたよりも、はるかにいい返事だ。「お金は払えない」と書いてあるあたり、営業をかけられたと思われていたのかもしれないけれど。

こうしてトントン拍子で地元の盲学校のイベントに参加できることが決まり、7月末は早朝にトレーニングをし、語学学校の授業は1週間さぼって盲学校へ通うことになった。

実際にその日が来るまでは、途中で連絡が途絶えてしまったり、話がなかったことにされる可能性もあると心配していたが、僕に連絡をくれた盲学校のマット先生はとてもまめにメールを返してくれる人で安心した。

盲学校のスポーツイベントの内容は、およそ40人の視覚障害がある子供たちに、5日間泊まり込みでいろいろなブラインドスポーツに触れる機会を作るというもの。スタッフは、盲学校の先生だけでなく、各スポーツの現役選手がよばれていた。

初日の講習では、子供たちと一緒に楽しむ前に、まずスタッフがそれぞれの競技を一通り体験することになっていた。

最初は、ゴールボール。これは日本でもやったことがあったから、英語での説明が理解できなくても大丈夫、できる。軽くボールを投げたらあっさり点を取ってしまい、図らずも、日本の盲学校で育った実力を見せつける形となった。

次は、柔道。専門の先生が「君は日本人だから、私より柔道に詳しいだろう」と偏見を口にする。実は、僕は柔道をやったことがない。先生の説明も早口でよくわからないし、ちょっと泣きそうになりながら、とりあえず受け身の取り方をアメリカで初めて習った。

そして、水泳。その時は泳ぐわけではなく、プールの見学だけだった。水泳の先生としてよばれていたのは、オハイオの大学に通うケーシーという女の子で、アメリカのパラリンピック選手や、一緒に練習しているロヨラ大学の水泳部員など、共通の知り合いが結構いて話が盛り上がった。

続いて〝Show Down〟というスポーツ。簡単にいうと、ゲームセンターにあるエアホッケーを、音の鳴るボールを使ってやるような感じ。日本ではサウンドテーブルテニスという競技があるがそれに近い。ただし、サウンドテーブルテニスのほうがより繊細さが求められる競技だ。〝Show Down〟は、ボールもラケットも大きいから、とりあえずラケットを振り回しておけばなんとかなったりする。

その後続いたブラインドサッカーも、盲学校時代から慣れ親しんだスポーツ。寺西君と一緒によく校庭で遊んだし、そこそこ自信がある。

一番問題だったのは、ビープベースボールという競技だった。名前を聞いたことすらないし、どんなに説明してもらってもわからない。わからない部分を質問したいのに、わからない部分がわからない。さらに、どう質問したらいいかもわからない。「まあやってみなよ」と言われたけれど、何をやったらいいのか、想像もつかなかった。

水泳の先生役で来ていたケーシーが根気よく僕に説明してくれて、一緒に動きながらまた説明してもらうことで、ようやく理解した。

このスポーツ、「ベースボール」といっていながら、まず、ピッチャーが存在しない。置いてあるボールを打つか、バッターが自分でトスを上げて打つ。ちなみにピッチャーに投げてもらって打ってもルール違反にはならないのだが、それだとまず当たらない。

ボールからは常に電子音が鳴っていて、その音を頼りに、守備側は必死に打球を探す。もちろん、全員目隠しをした状態で。

そして不思議なことに、ピッチャーは存在しないのに、キャッチャーはいる。キャッチャーは目隠しをせずに、目が見える人がやる決まりだった。1塁ベースと3塁ベースの近くにはスピーカーが置いてあり、キャッチャーは打球が飛んだ方向を見て、それと反対側のベースのスピーカーから、リモコンを使って音を出す。バッターは、音が鳴った方向に向かって走る。

つまり、ボールをとるために守備側が向かう方向と、バッターが走る方向をずらして衝突を避けている、ということ。最終的には、守備がボールをとるよりも早く、バッターがスピーカーにタッチすれば得点となる。守備側が先にボールをとればアウト。3アウトでチェンジになるのは野球と同じだ。ランナーがたまることはなく、1点入るか入らないかの勝負になる。

こうしてあらためて日本語で整理しても、なかなか複雑なルールだ。最終的になんとか理解した僕をほめてほしい。


翌日の月曜日の午後、7歳から17歳の元気な子供たちが盲学校に到着した。ついに、イベントが始まる。

子供たちはいくつかのグループに分けられ、スタッフも割り振られた。一応僕もスタッフ枠ではあるのだけれど、よく考えるとなかなか微妙な立ち位置だ。

イベントはあくまで子供たちのためのものだから、僕がじゃんじゃんプレーに参加するのはおかしい。かといって、見えている先生たちのように指導できる仕事があるわけではない。先生たちは僕にも「やってみる?」と聞いてくるのだけれど、やっていいのかな。必死に子供たちにからんでみるが、「あなたは何者なの?」と訝しがられている雰囲気がガンガン伝わってくる。

イベント初日はなんだか空回り気味だったけれど、最後にキャンプファイヤーをすると、なぜか急に一体感が出るから不思議だ。これを初日にやっちゃうのかと思ったけれど、その後もキャンプファイヤーは毎日あった。みんなで火を囲み、マシュマロを焼いて、1人一言ずつ「今日1日で、感謝したい人や出来事」について話をする。

すべてのアクティビティが終わって子供たちが寄宿舎に帰る頃には、何人かが日本語に興味を持ってくれて、話をすることができた。そこでようやく、自分が参加した意義を少しだけ感じることができた。

盲学校というところは、その名の通り、目が見えなかったり、見えにくかったりする子供が通う学校だ。すべての情報はジェスチャーを使わずに、言葉だけで伝えられる。

生徒と同じく目が見えない僕からすると、すごくフェアなフィールドなのだけれど、同時に、このフィールドでは言語が話せない、聞いていないというのは論外になる。自分の語学力を試すには、うってつけの場所。ごまかしのきかない、厳しくて誠実な世界だ。

まだイベント初日がようやく終わったところなのに、すさまじい疲労感だった。でも、悪くはない。まだまだ手探りだけれど、日を重ねていけば、きっと子供たちとの距離をもっと縮められるはず。

イベント2日目には、水泳のセッションが始まった。確実に活躍しておきたいところである。

水泳のセッション担当は盲学校の体育の先生と、ケーシーの２人。ケーシーはバリバリの現役選手で、１００メートルバタフライの自己ベストは58・９秒だという。日本の大学生の大会なら３位か４位に入れるレベルだけれど、アメリカでは全国大会の舞台に立つことも難しいらしい。

水泳のセッションでは、子供たちを泳げる子と泳げない子に分け、泳げる子をケーシーが、泳げない子を盲学校の先生が指導した。まず僕は、先生たちが子供に何を教えようとしているのかを理解しなければいけない。

最初は、泳げない子供のところへ行ってみる。すると先生から、「ぜひ、泳げる子たちを指導してあげてほしい」と言われてしまった。

そこで、今度は泳げる子のところへ行ってみると、ケーシーから、「泳げない子を教えるのを手伝って」と言われてしまう。

僕は手伝うどころか、ちょっと邪魔なのだろうか。つらい。

結局この日、プールでは何もできなかった。

2日目のキャンプファイヤーが終わる頃、僕はケーシーに、「明日、水泳の授業でできることはないかな？」と聞いてみた。すると、「指導に入りたい？」と逆に聞かれる。何ができるかを聞いたら、何がしたいかを聞き返された。

できるかどうかより、やるかどうか。人生とはそういうものかと変なタイミングで納得した。もちろん「やりたい」と答えた。

翌日、水泳のセッションが始まった時に、僕は改めてケーシーに「今日は全部のグループの水泳の指導に入りたい」と打診してみた。我ながら勇者だ。しかし、勇気を買ってくれるのがこの国のいいところ。ケーシーがもう1人の盲学校の先生にも話をつけてくれて、僕も指導に入れることになった。

セッションが始まると、それまでよりも先生の指示の内容をよく理解できる気がした。よし、調子がいい。子供の身体を補助してあげながら、バタ足の指導をした。「パラリンピック選手に教えてもらえるなんていいな」と先生は盛り上げてくれたけれど、実は僕のキックは、選手と思えないほど弱い。

セッションの後半はフリータイムで、子供たちも先生も、思い思いに水遊びをする時間。すると子供たちのほうから、〝Coach Keiichi！〟とよび止めてもらえることが何度かあり、僕を認識して名前を覚えてもらえたことが、すごくうれしかった。

長いと思っていたこのイベントも、始まってしまうとあっという間に最終日になった。最終日はバスに乗って、トランポリンがある施設へ遠足に行くというスケジュールだった。

その施設のトランポリンはとても立派で、床も壁も天井も、全部トランポリンになっていた。どれだけ走り回ってぶつかっても、跳ね返される。怪我の心配がなく、視覚障害を持つ子供たちが暴れ回るには最適の場所だった。

盲学校に戻ると、最終日もしっかりキャンプファイヤーが行われた。子供たちを送り届けると、今度は大人の時間。先生同士で対戦するビープベースボールが始まった。

健常者であっても目隠しをしてプレーするこの競技において、普段から見えていない僕は無敵だ。１番打者として、大活躍した。

マイケルという20代前半と思しき先生は、おそらく期間中、最もふざけまくってはしゃいでいたお調子者。彼も盲学校の関係者ではなく、僕と同じように外部の人間のようだったけれど、あっという間に子供と打ち解けていた。片っ端からいろんな人の白杖を借りて目隠しをして歩き「あいつの白杖は使いやすい」「こっちは使いづらい」、などと批評して楽しんでいる。

そのマイケルが、大人たちのビープベースボールでも、得点と失点を1人で繰り広げ目立ちまくった挙句、同点で迎えた最終回、見事にサヨナラ打を決め、いいところを全てかっさらっていった。もっている人って、やっぱりいるんだなと思う。

僕はといえば、英語がまだまだだということを痛感させられたし、立ち位置も微妙で最初はマジで泣きそうなことが多かったけれど、最後にはスタッフとの距離も子供との距離も近づいて、僕自身が心から楽しむことができた。そして、精神的にすごく鍛えられた。

ボルチモアに来て初めて、他の日本人の力を借りず、語学学校の友人の力も、ブライアンコーチの力も、マッケンジーの力も借りずに、すべて、1人で乗り切った。

イベントの期間中、毎日帰宅は午後11時半。朝は変わらず4時半に起きて練習というハードスケジュールだったけれど、充実して幸せな時間だった。

＊＊＊

2019年10月。少しずつ肌寒い日が増えるようになった頃、僕の大切な友人が1人亡くなった。

彼女の名前はアマヤ。食堂でたまたま知り合って以来、僕を見かけるといつも向こうから声をかけてくれていた。同じ寮に住んでいて、部屋は３つほど隣。

信じられない。交通事故だったらしい。

なんとなくＦａｃｅｂｏｏｋを見ていたら、大学の投稿に彼女の名前があった。だいたいＳＮＳに名前が出る時というのは、何かしらの偉業を成し遂げた時。そういえば、彼女はファッションショーに出ると言っていたから、そのニュースかなと思った。

ところが、詳しく読んでみると、彼女の訃報を告げる投稿だった。つい先日も、「今度部屋に遊びに行くよ」なんて会話をしたばかりだったのに。その「今度」は、もう永遠にこない。

小規模な大学とはいえ、何千人という学生がいる。そのなかで、僕と親しくしてくれている学生なんて、数えるほどだ。よりによってそんなわずかな僕の友人の１人に、そんなことが起きるなんて。

信じられなかった。現実を受け入れられないせいか、涙は出てこない。


僕はとりあえず語学学校の事務所に行き、このニュースが本当なのかを確認してみた。

嘘なわけがないのだけれど、それでも、確認せずにはいられなかった。

そしてもし本当なら、お葬式や、お別れ会、何か彼女に感謝を伝えられる機会があるなら、連れて行ってほしいとＭＢに伝えた。

寮の部屋に戻ると、アマヤの部屋の近くで女性が泣いている。家族だろうか。やっぱり、亡くなったのは僕が知っている彼女だったんだ。同姓同名の他の誰かではない。

そういえば、アマヤはすごく家族思いの子だった。かなり小さい弟がいたらしくて、アマヤの部屋に遊びに行った時、弟へ渡すのだというクリスマスプレゼントがたくさん買ってあったことを覚えている。他の学生と比べて、バイトもたくさん掛け持ちしていた。

19歳。若すぎる。月曜日の朝から、一体どこへ出かけていたんだ。それも、バイトだったのかもしれない。フェイスブックの投稿に対するコメントを読んでいて知ったのだけれど、アメリカでお悔やみの言葉は〝rest in peace〟というらしい。いや、このフレーズは聞いたことあったけれど、お悔やみの言葉だったとは。

だって、マッケンジーがよく練習前に〝rest in peace〟と言っていた。確かに日本語でも、厳しい練習の前には冗談で「ご愁傷様」と言ったりするから、似たようなものか。

彼女が亡くなってから4日ほど経って、学内でお別れの集いのようなものがあった。これを〝vigil〟というそうだ。辞書にはお通夜と書いてあったが、日本のお通夜とは少し違った。場所は、彼女が通っていた校舎のエントランスホール。家族を含め、50人ほど集まっていた。思っていたより多い。遺体はそこにはなかった。

まず、司会者が故人の紹介をする。続いて学長と思しき人が大学を代表して挨拶をした。

その後、「皆さんのなかで、彼女との思い出をシェアしてくれる人は挙手してください」というアナウンス。このしんみりした状況、日本ならまず手は挙がらないと思う。ここでは10人ぐらいが話をした。1人3分ほど、時に笑いをとりながら、けれども多くは、嗚咽を漏らしながら。先生だけでなく、何人もの学生が思い出を語った。あらためて、みんなに好かれるいい子だったんだと実感した。

最後は外に出て、ライトをもって輪になる。おそらく、魂を送り出す儀式だ。

そして、解散。「家族に一言声をかけてもいいんだよ」と言われたけれど、僕にはできなかった。

今思い返すと、「アマヤは、僕みたいな目の見えない外国人とも仲良くしてくれるような優しい子だった」と、ちゃんと伝えるべきだった。そのことを、後悔している。

それから1週間後。今度は彼女が卒業した高校でお葬式が行われるとの情報をMBから聞いた。僕が参加したのは大学関係者だけのセレモニーで、今回行われる際にはすべての関係者が集うようだ。僕も練習をお休みして、MBに連れて行ってもらうことにした。それにしても、日本であれば亡くなってすぐ火葬するのが一般的だと思うが、アメリカでは何度も故人を弔う機会がある。

大学から車でおよそ20分。立派な教会のある高校には、200人ほどの参列者がいた。

まずは聖書の朗読。この時点で、会場中から大多数のすすり泣きが聞こえていた。

その後、なぜか無理やり悲しみを吹き飛ばそうとするかのように、ロックミュージシャンみたいな男性が現れて熱唱した。一同拍手喝采。なんて騒々しい葬式だ。

その後はまた、関係者によるスピーチが10人ほど続いた。

最後にアマヤのお父さんが挨拶をして、セレモニーを締めくくった。


MBによると、これはアフリカンアメリカンスタイルのお葬式らしい。翌日、ブライアンコーチに「お葬式はどうだった？」と聞かれた時、「アフリカンアメリカンスタイルだった」と答えると、「ああ、騒がしかったでしょ」と言われたので、かなりメジャーなのだと思う。

多民族国家なだけあって、お葬式の種類もいろいろある。アマヤはすごく貴重な経験をさせてくれた。僕はかつて、いろんな経験をして勉強しているんだと彼女に話したことがあったかもしれないけれど、こんなことまで経験させてくれなくてよかったのに。

あらためて、ご冥福をお祈りいたします。

〝May she rest in peace〟

＊＊＊

２０１９年12月。アメリカの国内大会に出場する僕のために、中学時代から僕を指導してくれている寺西先生が日本から来てくれることになった。気心知れた寺西先生にタッピングをしてもらえるとは、とても心強い。

場所は、テキサス州のダラス。寺西先生は日本から、僕はボルチモアから向かうため、現地の空港で落ち合うことになっていた。なんだかこの時点で、はじめから、危うい気配がしていた。

僕が練習をしているロヨラ大学関係者には、僕以外にも障害がある選手がいる。よく登場するマッケンジーに、この年の9月に入学してきたばかりのマクレーン。彼女は全盲ではないようだけれど、盲導犬を連れていた。

そしてもう1人は車椅子ユーザーのスティーブン。彼は杖を使って歩くこともできるが、基本は車椅子移動だった。

そして最後が僕だ。一応、自力で歩けるが、見えていない上に、英語がしゃべれない。

この4人と、指導してくれているブライアンコーチとで大会に出場するわけなのだけれど、なぜか、今回ブライアンコーチは最終日しか来られず、選手だけで現地まで行くようにといわれた。

さらに、一番障害の軽いマッケンジーは、「私は疲れるから前々日に1人で移動するわ」と、一足先にテキサスへと向かった。というわけで、車椅子のスティーブン、盲導犬を連れたマクレーン、英語が不自由な木村の3人で、飛行機に乗ってテキサスへと向かうこととなった。

午前4時半。スティーブンの運転で空港へ向かう。早朝だが、ボルチモア空港はなかなかにぎわっていた。無事に飛行機に搭乗する。

ダラスの空港に着いたら、そこでマッケンジーとそのお母さん、そして、日本から来る寺西先生と合流するはずだった。するはずだったということはつまり、合流、できなかった。

おかしい。明らかに様子がおかしかった。国際空港にしては、なんだかしょぼすぎる。そして、お互いすでに到着して寺西先生と連絡を取っているものの、まったく話がかみ合わない。

「寺西先生、今どのあたりですか？　僕たちは、荷物を受け取るところにいるんですけど」

「荷物の受け取り口って、いっぱいあるけど、どこの？」

「いや、受け取り口は1ヶ所しかないらしいですけど……」

信じたくはなかったけれど、もう薄々感づいていた。どうやら僕たちと寺西先生は、別の空港にいるらしい。調べたら、たしかにダラス空港は2つあった。

これは100％、事前にしっかり調べなかった僕が悪い。僕たちは国内線しか飛んでないダラス空港、寺西先生はハブ空港であるダラス国際空港に到着していた。

とりあえず、寺西先生を迎えに行かなければならない。しかし、どのくらい離れているのかはよくわからない。わかっているのは、テキサス州というのは、日本の2倍近くの広さがあるということだ。

車を運転してくれるマッケンジーのお母さんに、恐る恐る聞いてみた。

「あのね、日本からタッパーが来るんだけど、ダラス国際空港にいて、その、彼を迎えに行きたいんだけど……」

「あぁ！　あっちにいるのね。オーケー、わかったわ」

結果、ダラス国際空港までは車で20分だった。いや、ありがたいことなのだけれど、同じ名前の上にめちゃめちゃ近い。ややこしいから、ひとつの空港にまとめてほしいと思う。どうにか寺西先生と合流し、その後はプールへ。軽く泳いで、翌日からのレースに備えることにした。

初日は100メートルバタフライ。寺西先生とマッケンジーのお母さんがタッピングをしてくれた。お母さんにはこれまでも何度か叩いてもらっていたので、今回特段心配にはならなかった。

2日目は、100メートル平泳ぎ。その日も片側はマッケンジーのお母さんにタッピングを頼むつもりだったのだけれど、それがレース直前になって突然帰ると言い出した。

「あ、私これから帰るのよ。あなたのタッパーは、フレッドに頼んでおいたから」

はて。フレッドとは、いったい誰のことだろう。

現れたフレッドと名乗る人は、よぼよぼのおじいさんだった。さすがの寺西先生も、「こんなおじいさんで大丈夫かな？」と言っている。日本語が通じなくてよかった。

ところが意外にも、といったら失礼だけれども、このおじいさん、なんともそつなくこなしてくれた。後で調べたら、アメリカパラ水泳界のレジェンドとして、多くの選手を育て上げてきた有名な指導者だった。なんと、このおじいさんの名前が付けられた公式の大会まであった。その後決勝もフレッドに頼もうと思ったのだけれど、それはあっさり断られてしまった。

「ごめん、午後は違う選手をタッピングしないといけないんだ。ちょっと、他に誰か探してくるね」

もう、叩いてくれるなら誰でもよかった。結局、登場したのは見知らぬおばあさん。日頃、日本の大会で自分がどれだけよい待遇のなかで試合をしているかを思い知った。

そんなドタバタを経て、最終日にようやくブライアンコーチが到着。マジで、遅すぎる。これまでの話をしたら、ゲラゲラ笑っていた。

最後の種目は100メートル自由形で、タッピングは寺西先生とブライアンコーチという盤石の布陣で大会を終えた。

最後はみんなでテキサス名物、バーベキューを食べて帰宅。なんかもう、げっそりした。

＊＊＊

2020年1月。年が明けると、今年も合宿のシーズンだ。場所はプエルトリコ。年越しはなんとしても滋賀の実家で過ごしたかったから、僕はボルチモアに戻ることなく、日本から直接プエルトリコへ向かった。

直行便はなく、ヒューストン経由。ヒューストンには東京ガスの現地法人があるため、日本から現地へ向かう駐在員の方と同じ便を取った。何かと気にかけてくれたおかげで無事に乗り換えられたが、時間に余裕がなく、昼食をとりそびれてしまった。ヒューストンからプエルトリコまでは、アメリカの国内線に乗る。機内食も出たが有料だと言われ、お金を持っていたのに、なぜか反射的に断ってしまった。激しく後悔。その後、フライト中は空腹と戦うことになった。

すると着陸直前、隣の席にいたアメリカ人の老夫婦が「サンドウィッチが余っちゃったから、食べない？」と言ってくれた。一人旅はいろんなことがある。このサンドウィッチのおかげで、僕はなんとか息を吹き返した。

無事、プエルトリコ空港に到着し、ロヨラの大学生と合流してホテルへ。

コーチやマッケンジーとも再会し、予定通りトレーニングが始まった。

おや。ちょっとした違和感を覚えた後、足元が心許なく震動する。

地震だ。

この合宿期間中、何度か地震があった。プエルトリコはカリブ海の島なので、たまに地震がくる。日本育ちの僕は慣れっこだけど、ほとんど地震がないアメリカ本土の東海岸で育ったアメリカ人は、少しの揺れでも軽くパニックになる。

プエルトリコに到着した日の午前３時。ようやく時差ボケが抜けてきて爆睡していたところで、地震が発生。体感では、震度3ぐらい。日本人としては、よくある些細な揺れだ。

また寝ようと思ったところで、マッケンジーからメッセージが来た。「大丈夫？　避難したほうがいいかしら？」

「いや、このくらいなら全然大丈夫だよ」

「でも、ここは海が近いわ。津波がきたら……」

この時の地震の震源は、１６０キロも離れていた。

「心配しなくても、遠いところで起きた地震だよ」


なんとかマッケンジーをなだめて、朝を迎えた。聞いたところによると、かなりの人が津波を恐れ、夜中からずっと1階で逃げる準備をして待機していたらしい。まだ余震が続いていたから、どっちかというと今すぐ火を消して、そのオムレツを焼くのをやめたほうがいいと思った。

「敬一、私Ｇｏｏｇｌｅで調べたんだけど、地震の時はね、机の下に隠れないといけないんだって。あなた、知ってた？」

「日本人はな、そんなことは幼稚園児でも知ってることだよ」

「まぁ、そうなの？　すごいわね」

＊＊＊

この合宿と前後するあたりから、なんだか不穏な気配がしていた。

少し遡って、２０１９年の年末のこと。

語学学校のディレクター、ＭＢが、突然退職することになった。

視覚障害のある僕を受け入れてくれるために奔走し、ずっと僕に寄り添い、なんでも相談に乗ってくれた恩人だ。ブライアンコーチと並んで、僕のアメリカ留学を実現させてくれた最重要人物。彼女が退職するとは、とんでもないことになってしまった。

僕が通うノートルダム大学メリーランド校の語学学校は、これまで視覚障害者を受け入れたことなどなかった。そんななか、初めて見学に行った時に責任者として対応してくれたＭＢの「とにかくやってみましょう」の一言で、僕のこの壮大なわがままプロジェクトはスタートしたのだ。

遅ればせながら、ＭＢとはニックネームで、名前はメアリー・バーチ・ハーマンとやたら長いので、みんなからＭＢとよばれ親しまれていた。

実はＭＢは大学卒業後、10年間も日本で英語教師をやっていた経歴がある。千葉の大学に勤務している時に、京葉線と武蔵野線の行き先がよくわからなくなって迷子になったという話をしてくれた。あのあたりの電車は、実際日本人でも乗りこなすのは難しい。

僕がアメリカにいる間、常に気にかけてくれていて、「何かあったらいつでも相談しておいで」と言ってくれたMB。

実際、授業で配布される資料をどうやって読めるようにするか思案してくれたり、日用品の買い出しに連れて行ってくれたり、キャンパスの警備のおじさんや食堂のおばさんたちと連携してくれたり、とにかく毎日毎日いろいろと助けてもらっていた。

僕の大切な友人、アマヤが亡くなった時も、一緒にお葬式に行ってくれた。

ただ、何者かに部屋の窓ガラスを割られた時だけは、どんなに頼んでも何もしてくれず、仕方なくダンボールを貼って生活していたのだけれど。

そんなMBは、学校をやめて、ブラジルで英語の先生をやるのだという。これも、彼女のキャリアアップなのだ。常に次のステップを目指して進んでいく、その姿勢は見習わないといけないし、素直に応援したい。でも、まさか自分がアメリカにいる間にいなくなってしまうなんてことは夢にも思っていなかった。勝手だけど、とんでもなくショックだった。

12月、最後の授業の日は毎年クリスマスパーティーが行われるのだけれど、この年はMBの送別会を兼ねていた。というより、完全にそちらがメインになっていた。彼女の昔の教え子たちも、何人も集まっていた。どれだけ多くの学生の人生に、この人は影響を与えたのだろうか。

年明けの１月。ＭＢがブラジルへと出発する前に、自宅で盛大なパーティーを催すとのことで、僕も参加させてもらった。語学学校の先生たちも、たくさん参加していた。

ＭＢの家は、学校から車でおよそ45分。両親と３人暮らしだった。兄弟はお兄さんがいて、近くに家族と一緒に住んでいる。

その日は親戚やら友達やら、総勢60人ほどが集まっていた。

学校を離れたことで、ＭＢはノートルダムの問題点について包み隠さず話してくれた。学校の現状は、学生が集まらず、財政的に非常に苦しい状態であること。経営のことで頭がいっぱいで、学生のケアをできていない現実もあるということ。僕が通う語学学校も、不要なものとして切り捨てられそうになっているらしい。

ＭＢにとって、今回の転職は、キャリアアップだけでなく、シンプルに限界だったようだ。葛藤の末、さまざまな思いが募って出した答えだと思う。この数年は、本当に苦しかったらしい。

つぎに会う時までに、もっと英語が上手になって、きちんと自立している僕の姿を見せなければ。そう心に誓って帰宅した。

渡米1年後のホームシック

プエルトリコでの合宿を終えてボルチモアに戻ってくると、もう、語学学校にMBはいない。常に気にかけてくれていて、オフィスに行けばいつでも話し相手になってくれたMB。彼女のいない学校で、果たして僕はやっていけるのか、自立した姿を見せるのだと誓ったばかりだというのに、本心は不安でいっぱいだ。

ところが、この不安は、ここから続く負の連鎖の序章に過ぎなかった。

日曜日の午後、スナイダーの紹介で、初めてボルチモアに来た時からお世話になっているトレーナーのトニーから連絡があった。ドタキャンの常連で豪快な性格のトニー。またしてもトレーニングをリスケしてほしいという連絡かと思ったら、今回はスナイダーとのグループチャットだった。なんと、奥さんの都合でフロリダへ引っ越すことになったらしい。これは大変なことになった。MBに続いて、トニーまでいなくなってしまうのか。スナイダーがすぐさま他のトレーナーがいないかトニーに聞いてくれた。こういう動きの早さは本当にありがたい。結局、トニーが知り合いに引き継いでくれることになった。

それにしても、このショックは大きい。トニーはいい加減だし、トレーニングのキャンセルも少なくなかった。

でも、それでいいと思っていた。実力は確かだし、いい練習ができていたのは事実だ。言語的にも僕のレベルに合わせてしゃべってくれていたし、僕のことを理解してくれていた。１年半もトレーニングしていればそれはそうだろう。しかも、結局一番生きた英語の勉強ができたのは、トニーとの会話のなかだったかもしれない。相手がいい加減な人だからこそ、きちんとした文章にすることなく、浮かんだ言葉をぱっと口から発する。そんな適当な会話を、トニーとならしていいような気がしていた。

後任のトレーナーはどんな人だろうか。不安しかない。そして、寂しすぎる。できればトニーにも金メダルを見せたかった。不思議なのは、絶対初めてボルチモアへ来た時のほうが不安に決まっているのに、今のほうがより果てしなく底が深い不安に包まれていることだった。そしてとにかく、さびしい。トニーは確か、サウスカロライナの生まれ、もしかしたらもうボルチモアに戻ってくることはないかもしれないと思った。残り数回のトレーニングが終わったら、もう一生会えないかもしれない。

残された数回のトレーニングの間は、いろんな思い出がフラッシュバックしてきた。渡米当初、トニーが言ったジョークを初めて聞き取れた時のうれしさ。学校の話を聞かれて答え、ちゃんと話が通じた時の喜び。僕が真剣に腹筋している時に、やたら笑かしてくる楽しそうな声。

そして、悪いことはさらに重なる。

その日の夜中、日本から連絡が来たと思ったら、大学の時にお世話になったゼミの先生の訃報だった。前日まで普通に授業をしていたというから、本当に急だったらしい。結局、渡米直前に挨拶に行って、その後は会えなかった。僕の周りから、どんどん人がいなくなっていく。

いったい、なんなんだ。どうしてこんなに辛いんだ。

みんな、僕をおいていかないでくれ。寂しい。ひたすらに、寂しい。

この時はタイミング悪く、マッケンジーもアメリカ代表合宿に行ってしまって不在だった。無駄話をする相手もいない。本当に、一人ぼっち。

帰りたい。

日本に帰りたい。

1年半も住んでいて、今さら、まさかのホームシック。

下高井戸の家は引き払ってしまったから、ホームシックだけど、帰る家すらない。

ややこしいのは、僕の今の立場であれば、帰ろうと思えばいつでも帰れてしまうのだ。今、「帰りたい」と言えば、いつも支援してくれる東京ガスの人たちも、水泳関係者も、「すぐに帰ってこい」と言ってくれるだろう。日本にいるほうが何かと便利なのは明らかだし、みんなに余計な心配をかけることもなくなる。

でも、だからこそ僕は、なんとしてもそれに抗わないといけなかった。渡米の計画時点で一定数あった心配や反対を、数名の協力者のおかげもあってどうにか説得し、ここまでやってこられたのだ。今ここで、たかが寂しいという理由で帰るなんてことになれば、自分に負けた以外の何物でもない。

それだけは、プライドが許さない。

とりあえず、こういうのを溜め込むのはよくない。ブライアンコーチに、「最近ホームシックなんだよね」と言ってみることにした。一応、通じていたとは思うけれど、「え？　今さら？」みたいな反応だった。

まあ、当たり前か。僕だって、自分でそう思う。

たどり着いた結論としては、これはきっと、僕自身が怠惰な生活を送っていたことへの罰ではないか、ということ。

渡米した２０１８年はすべてが新鮮で、常に挑戦し続け、それがそのまま活力につながった。挑戦することが楽しくて、より快適に生きていけるように、僕なりに必死にあがいていた。ところが2年目の２０１９年はというと、僕は現状に満足し、徐々に守りに入るようになったのだと思う。

トレーニングの環境が整った。

友達もできた。

授業も無難にこなせるようになった。
現状に満足し、それにすがって生きていたのかもしれない。それじゃあダメだと、見透かされたのかなと思う。

新しいことに挑み続け、ぶつかって、苦しんで、強くなる。
ここへ来たのは、それが目的じゃなかったのか。
自問自答を繰り返す。
そんなことは、わかってはいるのだ。
わかっていても、寂しいものは寂しい。

そんな思いを抱えながら迎えた2020年は、どん底だった。

＊＊＊

2020年2月。徐々に、新型コロナウイルスの話が聞かれるようになった。中国に始まり、日本もクルーズ船から感染が広がったニュースは耳にしていたが、それでもその頃、アメリカでは、まだ新型コロナウイルスの脅威は完全に他人事だった。

「僕は3月に日本で試合があるから帰るんだ」と話すと、「ウイルス持って帰ってくるんじゃないぞ」なんてごく軽い調子でいじられる。

その３月の試合も、２月26日に中止が決まった。つまり、僕は日本に帰る用がなくなったのだ。正直、今回の帰国はすごくすごく楽しみにしていた。ホームシックになってから、帰国を一つのよすがにしていたのは間違いない。しかも、次はいつ帰れるのかもわからない。最悪の場合は、５月の中旬まで帰れない。その日の夜は、ショックで眠れなかった。

翌朝、一睡もしないまま練習へ向かう。とりあえず、僕が置かれている状況をコーチに説明しないといけない。

日本を出て海外で暮らす時には、ほぼ例外なく「ビザ」という書類が必要になる。

これは、パスポートとは別の身分証明書のようなもので、アメリカならアメリカの政府が認めた人に発行される。その国に来る目的に応じて、ビザの種類がある。駐在員など働くことが目的の人は就労ビザ、大学生なら学生ビザ。就労ビザを持っていないのにアメリカで仕事をすることは犯罪だ。でも、その国に行く理由は仕事や勉強だけじゃない。一番多いのが旅行。こういう人に出されるのが観光ビザである。これは誰でももらえるのだが、その代わりに期限がある。アメリカの場合は３ヶ月。３ヶ月以上連続でアメリカに滞在し続けることはできない。

僕の場合はどうかというと、語学学校の学生という身分だから、学生ビザを申し込むことはできた。しかし、練習や試合で授業を休まないといけないため、学校が指定する日数、出席できないことが最初からわかっていた。そんな不良生徒には、ビザを出してくれない。では、就労ビザはどうだろうか。僕の仕事はトレーニング、といえば申し込むこともできなくはない、かもしれない。しかし、所属企業である東京ガスのアメリカ支社がボルチモアにあるわけでもなく、申請しようとするとかなり手続きが煩雑になることが想定された。

一方で、年間の遠征や国内試合の日程を眺めると、どうやっても3ヶ月連続でアメリカにいることはなさそうだという結論に至った。それなら、観光ビザだけもらって、3ヶ月経たない間にアメリカを出れば問題ない。一瞬でもアメリカを出れば、日数は0に戻るから、また3ヶ月滞在できるようになる。これを繰り返して、僕はおよそ2年の間、どうにかアメリカに住み続けてきた。

さて、直近で僕がアメリカに入国したのは、２０２０年の1月2日。つまり、観光ビザだけで滞在し続けられるのは4月2日までとなる。3月の試合が中止になって日本に帰ることはなくなったとはいえ、4月2日までには出国し、連続滞在日数をリセットしなければいけない。

この状況をブライアンコーチに説明して、何か作戦を考えないといけなかった。作戦とはつまり、どこの国なら簡単に行って帰ってこられるのかという話だ。

ボルチモアからぱっと行ける場所として考えられたのが、カナダかバハマ。カナダなら、本気を出せば陸路でも行ける。

マッケンジーは僕の状況を知ってもなお、「バハマには大きなウォータースライダーがあるのよ。やりにいこうよ。コロナバケーションだわ」なんてのんきにはしゃいでいる。だからもう、そういうところ、僕は嫌いじゃないのだけれど。

しかしよくよく調べてみると、観光ビザのルールとして、バハマやカナダのように、アメリカと国境が接している国の場合は、一瞬出国したところで滞在日数はリセットされず、カウントされ続けるというルールがどうやらあるらしい。つまり、連続滞在日数をリセットするためには、近場に出国するだけでは不十分で、まあまあ遠いところに行く必要があるということだ。

語学学校の授業中、僕は先生やクラスメイトに、日本に帰る予定がなくなったことを説明した。みんな口を揃えて「それがいい」と言っている。当然だ。わざわざウイルスの蔓延しているところに飛び込んでいくほど愚かなことはない。でも、僕は帰りたかったんだ。帰国の予定があったから、どうにかホームシックになる気持ちをなだめてこられたものの、その予定がなくなったことで、ホームシックが爆発した。

眠れない。練習の調子も悪い。

アメリカ人にとってビザの問題は身近ではなく、語学学校の学生はみな基本的にはきちんと学生ビザをもっていて、この僕のイライラを誰とも共有できないのも辛かった。

その状況が、3月に入ると急変する。東京ガスから「コロナでこの先何が起きるかわからない。ひとまず日本に帰って来るように」という指示が来た。せっかく、すぐには帰国できないという現実を受け入れ始めていた矢先の話だ。ありがたいことだけれど、これでまた関係各所に1から説明し直すことになる。

まずは学校へ行って、自分が置かれているビザ問題と、日本への帰国を促されていることを説明する。観光ビザについてこんなにべらべら説明できる日本人はそうそういないのではないか。変な自信がついた。結局のところ、成長は、追い込まれた時にするものなのだと思い知る。

しかし、僕の努力もむなしく、日本に帰ることについて賛同を得ることはできなかった。

賛同を得られなくても、僕の身分は会社員なのだから、所属企業から帰ってくるように言われたら、帰るしかないのだけれど。最終的に、そうした事情をブライアンコーチは理解してくれた。ただ、学校のほうは一向に理解してくれる気配がない。

この時点では、ウイルスが蔓延しつつあるのは日本。危ないのは、アメリカより日本だった。

語学学校のスタッフは、日本に帰ることに猛反対。それも当然で、今後アメリカ政府は、日本からアメリカへの入国を拒否することになる。そうなると、一度日本に戻ってしまうと、しばらくアメリカで生活できなくなることは目に見えていた。

僕は東京パラリンピックまで、ここで練習するって決めた。日本にいれば生活も楽だし、友達だってもっといる。そんなことは百も承知しているが、ここで戦うと決めてきたのだ。だから、今はアメリカに残りたい。残らなければならない。自分の考えも、徐々に変わっていった。残らないと、今まで頑固に意地を張り続けたのがバカみたいだ。その時は真剣にそう思った。

語学学校の事務員、ラルフと、授業を受け持ってくれているリンジー先生と３人で何度も話し合った。みんな本当に優しい。結局ラルフが「よし、僕が会社にメールを書くよ」と、説得を試みてくれることになった。僕はもう、成り行きを見守るしかなかった。

最終的にラルフがどんな言葉をかけたのかわからないけれど、とりあえず、会社からの最終判断は、「コーチが同伴してくれるのであれば、日本に帰らず、どこか違う国に行ってもよし」というものに変わった。

翌日、早速ブライアンコーチに結果を説明する。

「そういうわけで、つきましては、１ヶ月以内に僕と一緒に旅行に行ってください」

僕は結構本気だったけれど、コーチには爆笑された。

真剣に選定した結果、連続滞在日数をリセットでき、かつボルチモアから簡単に行ける場所として、コスタリカを選んだ。中米カリブの国コスタリカ。言語はスペイン語。国土の４分の３がジャングルに覆われている。ジャングルに住むホエザルの吼え声は、半径数キロ先まで聞こえるらしい。そんな奴に耳元で吼えられたら、本当に終わりだ。ちなみに名産品はコーヒーで、これはすごく楽しみだった。そしてコスタリカは、あの名作、『ジェラシックパーク』の舞台になった場所でもある。『ジェラシックパーク』は、原作の小説を語学学校の授業で読んだ。初めて英語で書かれた本を丸々１冊読みきった。使われる単語は少しマニアックだが、文章自体は易しいから、教材にはちょうどよかった。

僕の気持ちも気まぐれなもので、急にワクワクしてくる。

数時間後。ブライアンコーチから、「明日から1泊で行こう。飛行機とホテルをとったから。午前6時に迎えに行くよ」と連絡が来た。急展開だ。展開だけじゃなく、仕事も出発時間も早い。


明朝、ブライアンコーチに迎えに来てもらい、ボルチモア空港へ。コスタリカまでは5時間。外国だけど、ロサンゼルスに行くより近い。空港では最初の難関、入国審査が待っていた。世界中が、中国だけでなく、日本人も警戒し始めている頃だった。

係員は明らかに、日本人である僕を疑いまくっている。パスポートのすべてのページをチェックし、ドクターらしき人をよんでなにやら議論し始めた。現地の言葉なのでまったく理解できないが、僕がウイルスを持っている可能性があるのではということを話し合っているのは間違いない。結局他の人の5倍ぐらい時間がかかったが、どうにかコスタリカに入れた。でも、まだ安心できない。帰り道も、確実に一筋縄ではいかないのは明らかだった。


ホテルにチェックインして、コーヒーが大好きなブライアンコーチと、カフェに直行する。

適当なコーヒーを頼むと、ほどなくしてゴトッとテーブルの上にコーヒーカップが運ばれてきた。

芳醇な香りが漂う。一口すると、うまい。たしかにうまい。深さと軽さのバランスがよくて、万人受けしそうな飲みやすさだ。特定の人からべらぼうに愛されるより、万人にそこそこ愛される。僕もそんな人間になりたいものだ。

楽しみにしていたコーヒーブレイクをとると、一気に安堵し、同時に疲労を感じた。昼寝でもするかという話になり、ホテルのプールのデッキチェアでゴロゴロくつろぐ。気温は25度ぐらい。そんなに暑くもなく、ちょうどよかった。

それにしても、やけに鳥がうるさい。日本のセミなんじゃないかってぐらいのボリュームで鳥がどんちゃん騒ぎをしている。せっかく気持ちのいい気候だけれども、こんななかでは寝られない。

料理はこれといって特別なものはなかったが、コスタリカスープという、いかにも観光客が飛びつきそうなメニューを食べた。コメと牛肉と野菜を煮込んだもの。パクチーがキツい。後は、メキシカンに近いものが多かった。

翌朝、早々にチェックアウトして空港へ。本当に、ただちょっとうまいコーヒーを飲んだだけでとんぼ返り。そして、最後の関所、アメリカ入国審査へ向かった。

新型コロナウイルスについては、一切聞かれなかった。その代わり、「え？　１泊２日でコスタリカ？　何しに？」と捲し立てられる。「いやー、滞在日数リセットしたくて」とは、まさか言えまい。

「旅行でして」とごまかすのだが、「コスタリカ？　何かあるの？」と、疑いは晴れない。結局、納得してもらえたかは知らないが、ブライアンコーチが半ば押し切ってくれてどうにか入国した。

〝We made it!〟(僕たちは成し遂げた!)

これで僕は、5月いっぱいまでアメリカに滞在できる権利を勝ち取った。ものすごく強引なやり方ではあったが、またしてもたくさんの人が心配してくれて、一緒に考えてくれて、そして動いてくれた。

しかし、ここからわずか数日の間で、また事態は一変する。

アメリカでの感染が広がり始め、僕もトレーニングどころではなくなってきた。それどころか、あっという間に生活も立ち行かなくなった。

結局僕は、日本に戻ることになる。

＊＊＊

2020年3月。いよいよアメリカでも感染者が出た。もはや、この世界に安全な場所なんてなさそうだ。

３月11日には、多くの大学が休校を決め、それは僕が通っている大学も、練習拠点の大学も例外ではなかった。ブライアンコーチが緊急ミーティングによばれて、どうにかプールだけは利用を継続できることになったが、寮の食堂はあと３日で閉じられることが決まった。そしてそこから少なくとも３週間は営業を停止するそうだ。

もちろん語学学校も休校。翌週からはオンライン授業に切り替わった。

アメリカでは多くの学校が休校になった瞬間、ほぼ同時に授業はすべてオンラインに切り替えられた。そういう仕組みがしっかりしているところ、スピード感はさすがだと思うが、語学学校もオンラインとなると、もう、アメリカにいる必要はないんじゃないかと思ってしまう。

３月12日、とりあえず朝、プールに行く。大学が休みになったため、もはや水泳部の学生は泳ぎに来ない。パラ選手の僕やマッケンジーら４人だけ。雰囲気も、かなりどんよりしている。みな、どうしていいかわからない。

ここ数週間のなかでは、わりと調子よく泳げたほうだと思う。身体がよく動いていた。しかし、ここまでくるとさすがに、そもそも東京五輪が、パラリンピックが、あるかどうかもわからない。完全に暗闇の中を、向かうべき正しい方向もわからずに泳いでいる感じだ。

一瞬でも未来のことを考えると、不安が全身を駆け巡ってメンタルを持っていかれる。だから無理をして自分を追い込み、体のキツさで雑念を抱く余裕をなくした。そうしたところで、部屋に帰って１人になると、やっぱりしんどくなる。いっそ、日本に帰ろうか。

つい先週まで、必死に方法を考えて、アメリカに残って練習するという強い気持ちを持っていたはずなのに。数日で、あの力強い覚悟は跡形もなく消え去ってしまった。

食堂が閉まる前、最後の夕食はタコスだった。残り物を消費しにかかってきているのはバレバレだ。でも、およそ2年ここに住んで、タコスみたいなメキシコ料理が一番好きだった。アメリカに住んでいるのにメキシカンっていうのも変な話だが、本当に好きになった。

今でもあの味は懐かしいし、コロナが収まったら日本でもメキシコ料理を食べに行きたい。辛いものが苦手な僕だけど、メキシカンは本当にうまい。最終日がタコスって最高だ。

僕は死ぬほどおかわりをして、そのうえ部屋にも持ち帰った。が、ドアの前で豪快に皿をひっくり返して廊下にぶちまけてしまった。最悪だ。でも、その時の僕は床に落ちたメキシカンでも拾って食べたかった。

3月13日。この日はいつものプールが使えなくなり、マッケンジーがよく自主練習をしているよそのプールへ行くことになった。マイケル・フェルプスにゆかりのあるプールらしい。寮からは車で10分ほどのところにあるそのプールは、プールサイドがめちゃめちゃ汚くて、なんというか、市民プールという感じだった。でもしばらくは、大学とこのプールとを使いながら、どうにか練習を継続していくしかない。

僕はこの時点ですでに、正直心のどこかで、もう、東京五輪もパラリンピックもないかもしれないと思っていた。少しでも油断すると、投げやりな気持ちになってしまいそうだった。

その頃、夕方昼寝をしている時には、両親から電話がかかってくる夢を見た。かなり強い剣幕で「帰ってきなさい」と言われる夢。それに対して、僕も強く言い返している夢。

３月16日、ついに市民プールも閉鎖されることが決まった。街のレストラン、ジム、あらゆるものが閉鎖。もう、いろいろ限界だ。ブライアンコーチは、どうにか大学のプールだけは使い続けられるように奔走してくれているが、ここまで追い込まれたらもう、心がもたない。

帰ろう。

日本へ帰ろう。

戦略的撤退だ。

僕は、明後日の飛行機の手配をした。

＊＊＊

それにしても、駄目になるのはこんなにも一瞬なのか。一気に崩壊していく生活に、気持ちが追いつかない。日本に帰るのはいいとして、次はいつ戻ってこられるんだろう。

僕はみんなと、感動的なさようならをしたかった。それで、金メダルを持って、また会いにくる。

そんな将来しか描いていなかったというのに。

それが、現実では誰にも会えず、大急ぎで荷物をまとめている。2年分の荷物はさすがに多くて、全部を持って帰るのは不可能だった。虚しい。

3月17日、最後の練習をロヨラ大学で行った。日本に帰ることが決まって、少し先が見えたことで楽になっていたのかもしれない。すごく調子がよかった。ガラにも無く、「トレーニングできるってしあわせだな」と真剣に考えたりした。

東京パラリンピックへ

日本に帰国後、ほどなくして東京五輪、パラリンピックの延期が決まった。

正直、そりゃあそうだろうよと思った。

予想だってしていた。

それでもやっぱり、すべてを捧げてやってきた自分が、なんだか滑稽に思える瞬間もあった。

たくさんの人を巻き込んで、味方になってくれた人たちがいて実現したアメリカでの日々が、ぷつりと突然糸が切れるように、終わってしまった。

ものすごく、不本意だ。

でも同時に、延期になったパラリンピックが、最悪開催できなくたって……よいはずはないのだけれど、それでも、ここまで水泳をやってきてよかった。

そう胸を張れるような濃密な日々を、アメリカで過ごすことができたことは、紛れもない真実だ。

＊＊＊

僕の人生は、物心がついた頃にはもう、完全に光を失った闇の中だった。
僕に笑いかける母の顔を見たことがないし、季節が移ろう鮮やかな色の美しさも、知らない。
ずっと追い求めている金メダルの色だって、
いったいどんな色なのか、見当もつかない。

でもひとつ、知ってほしいことがある。

僕が生きてきた闇の中は、
僕が泳いできた闇の中は、
温かくて、居心地がよくて、とても幸せな場所だということ。
暗闇の中は、決して絶望にあふれてなんかいない。
腕を動かして、足を動かして、どこまでだって行くことができる。
どこまでも、前に進むことができる。

これまで、何度も何度も尋ねられた質問がある。
もし、目が見えるようになったら？
もし、目が見える人生だったら？

僕はその時、本心からこう答えている。

僕は、自分が生きているこの人生が大好きで、
この闇の中が、泳いできた世界が、何よりも大事なんだ。
だから、何度だって、この人生を生きたいと思う。
木村敬一が泳ぐ闇は、無限の可能性に満ちた大海原だから。

Column-5

障害者の暮らしを日米比較

障害がある僕たちの暮らしやすさについて、日本とアメリカとを比べて書いてみたい。

まず、僕たちが使用する文字、点字。最近日本でも、いろんな家電製品についていたり、駅の階段の手すりに書いてあったりする。駅の階段の手すりの点字は結構便利で、何番線で、どの電車の、どっち方面なのかが記載されている。

一方、アメリカはどうだったかというと、もっといろいろなところで発見することができた。学校や寮の部屋の番号が点字で表示されていることは多かったし、点字のメニューを置いてあるレストランも結構ある。日本のレストランも、置いてあるところはあるけれど、まだまだ少ない。

僕は視覚障害があるだけだから、階段や段差に困ることはないけれど、点字があるだけで、なんだか受け入れてもらえている気がしてくる。ちなみに、たまたま僕は点字が読めるけれど、大人になってから目が見えなくなったりして、点字を学んできていない視覚障害者も実はたくさんいる。なので、点字をつけてさえおけばいいという話ではないから注意が必要だ（だったらどうしたらいいんだ！　という問いに対して、答えは持ち合わせていないのだけれど……）。

盲学校や福祉施設のように、障害者が利用することが前提とされている場所ではなく、大学のように、基本的には健常者が多数を占める施設についても、日米の違いを感じた。

僕は、日本大学文理学部教育学科を卒業した。教育学科としては視覚障害の学生は初めてだったけれど、数学科には何人も先輩が入学している。そのため、授業を受ける上で、教科書を点字にしてもらう手続きを進めてもらったり、必要な情報機器を揃えてもらったりすることができた。

このようなサポート体制は、もちろんアメリカの学校にもある。僕が授業を受けていた語学学校のサポートセンターには、何度かお世話になった。この学校に視覚障害の学生が入学したことはないと聞いているので、前例がなくとも、初めから準備されていたことになる。

また、練習パートナーのマッケンジーは、大学を卒業後、大学職員として残ってトレーニングを続けていた。アスリートとして広報活動をする一方で、在籍している障害のある学生のサポートをするのも仕事らしい。障害者自身がその仕事を請け負ってくれているのであれば、学生も相談しやすいのではないだろうか。そして、当事者の意見を取り入れることで、学生が入学してくる前からサポートの準備を始めることができる。朝から晩まで笑いっぱなしのマッケンジーだけど、どうやら真面目に働いているらしい。

ウエイトトレーニングをやっていたジムも、障害者を受け入れる準備は常にできていた。僕もアメリカのトレーニングジムを、何ヶ所も利用させてもらったが、それらすべてに、障害者用の広々としたロッカールームがあった。

システムにしても、施設にしても、日本は、必要となれば大急ぎで準備してくれる。一方のアメリカは、いつ必要になるかはわからないけど、常に準備ができている、そんなふうに感じた。

敬一へ

まだ6歳、小学1年生から実家を離れ、寄宿舎生活を送ってきた敬一。

寄宿舎生活が始まる日の朝、学校まで車で敬一を送り届けた帰り道は、悲しくて、悲しくて。

今でもその時のことが忘れられません。どうしてこんなに早く、息子を自分の元から手放さなきゃいけないの？　と、涙が止まりませんでした。

手術のために福岡の病院まで2人で通っていた時から、敬一は全然手がかからない子でした。精神的に自立するのも、とても早かったんじゃないかと思います。


小学校は滋賀県内で寄宿舎生活、中学から大学院までは東京、そして、アメリカ。

水泳という大きな強みを手にした敬一は、応援してくれるたくさんの人に恵まれて、自分が進む道を、どんどん切り開いていったよね。本当に、すごいことだと思います。

小さい頃、お母さんは敬一に怪我をさせたくなくて、ずっと目の届くところにいないと不安でした。できるだけ、外に遊びに行かせたくないと思っていたくらい。

そんな敬一が、いずれアメリカで一人で生活するようになるなんて、その頃は夢にも思いませんでした。

敬一は決断力と行動力があって、なんでもしっかり自分で決めることができる子。

本当は、ひとこと相談してもらえたらいいのになと思うけれど、その強さは立派です。

離れて暮らすようになってからは、家族の誕生日には必ず連絡をくれるようになりました。大学生になってからはプレゼントまで贈ってくれて、毎年素敵な贈り物に驚き、とてもうれしい気持ちでいっぱいになります。できれば、普段からもう少し連絡をもらえたら、お母さんはもっと安心できるんだけど、もう大人だもんね。

いつも我慢しているけれど、お母さんは今でも、本当はずっとそばにいてどこへ行くにもついていきたいし、毎日ごはんを作ってあげたい。そんなことをしなくても、敬一はちゃんと一人で生きていけることはよくわかっているけれど、それでも、今でもそんなふうに思ってしまいます。

体調を整えて、敬一が元気でいてくれればそれでいい。

でも、ずっと頑張ってきたことを知っているから、敬一が一番欲しい金メダルを、手にしてほしいなとお母さんも願っています。

これからも、敬一を一番応援しています。

母より

あとがき

本を書いてみたいと思ったのは、２０２０年の夏前だったと思う。ちょうど東京パラリンピックの延期が決まり、トレーニング拠点としていたアメリカから帰国し、実家のある滋賀県で自粛生活をしていた頃だった。トレーニングが十分にできないなかで、スポーツの持つ意味や、アスリートの価値について考えざるを得なかった。不要不急という言葉は、特にこたえた。

そんな時、ふと思い立って、アメリカでの生活を、ｎｏｔｅで発信してみた。充実した日々を思い出すとともに、自分の中で整理することもできた。そして、もっと深めたいと思った。自分のこれまでを振り返って、多くの方に知ってもらいたい、そう思った。

本を書く。それは、自分を奥の奥まで見つめ直して、いったい自分が何者なのかを知ることができるのかもしれない。

これまでの僕の人生を振り返ると、それほど苦労をすることもなく、悲しい思いをすることもなく、相当、気楽な障害者をやっている。それもこれも、本書に登場するたくさんの温かい人々が、常にそばにいてくれて、助けてくれて、支えてくれたおかげだと思う。

この30年、僕は一度たりとも1人にならなかった。幸運そのものだ。

障害があったり、アスリートといわれる人は、あらゆる苦難を乗り越えてきて、そこにたくさんのドラマがあるものだと思う。でも、残念ながら僕にはない。苦難を乗り越えたドラマはないけれど、温かい人たちとのドラマはたくさんある。ぼんやり生きてきた気楽な障害者にも、それだけは誇らせてほしい。

昔、テレビの取材を実家で受けた時、「家族への想いを聞かせてください」と言われたことがある。小学1年生から寮生活をしていた僕は、家族と暮らした時間はすごく短い。だから、ぱっと思い浮かばなかった。家族がすぐそばにいるのに、家族への想いを語れない。ずっと見守ってくれていたことはわかっているのに、言葉が出てこない。なんて恩知らずなんだと焦った。その時、母が助け船を出した。「幼い頃から私たちは一緒に居られなかった。だから、私たちは何もしてあげられていないと思う。でも、それでいいんです。その時、その瞬間、近くにいて支えてくれている人に感謝できていれば、それでいいんです」。助かった。いろんな意味で助かった。それを聞けて、全身が軽くなるのがわかった。助け船というか、もはやレスキューへリだった。

母がそう言うんだから、きっとそれでいいんだと思う。その時、その瞬間にそばにいてくれる人を、これからも大切にしていかないと。

執筆を進めるにあたって、自分を振り返るだけでなく、両親の想いや葛藤も、あらためて聞くことができた。「うちの両親って、すごい人たちだな」と思った。

父は、僕の世界を広げるために奮闘してくれた。怪我をしたり、命を落とすわけにはいかないので、やみくもになんでも経験させればいいというものではない。限られた条件のなかで、常に最善のチャレンジを考え続けてくれたと思う。

一方、母はこらえ続けていると思う。自分の息子は目が見えない。だったらできるだけ助けてあげたい、守ってあげたいと思うのが普通だろう。それに、すぐ近くで一緒にいることは心地よくて幸せだ。でも、将来を考えた時、それはきっとその子のためにならない。

助けたい、しかも簡単に助けられる、なのにそれを、敢えてやらない。その我慢は、どれだけ苦しいことだろう。

僕自身は気楽な障害者とかって、のんきなことをいっているけど、僕が経験しなかったぶん、両親が代わりに悩んだり、苦しんだりしてきてくれた。

世界をどんどん広げさせようとする父と、心配性の母。真逆の2人だけど、これはこれで絶妙なバランスをとっているのではないだろうか。この間は、2人でバラを見に行ったらしい。なかなかいけてる老夫婦をやっている。

今まで、その時、その瞬間にそばにいた人たちが支えてくれたのは事実だ。だけど、そのずっと向こうで、僕が気づいていないくらいずっと遠いところで、両親はずっと見守ってくれていた。昔はできなかったけど、今ならテレビに向かってでも、家族への想いを語ることができる。直接伝えるのはちょっときついけど。両親にプレゼントを贈ることがあるけど、そんなことをするより、一本電話したほうがいいことは、一応知っている。恥ずかしいだけだ。そんな話を会社の先輩にしたら、「わかるぞ。俺も30代の前半まで恥ずかしかった。でも、それ、35歳になったら変わるから大丈夫」と言われた。だから、もうちょっと待っていてほしい。

今回の書籍を出版するにあたって、僕が所属している東京ガス株式会社の皆様にはこの場をお借りしてあらためて心からお礼を申し上げたい。東京ガスの普段から接してくださっているスタッフの方々、書籍を生み出すきっかけを作ってくださった方々、僕が知らないところでいつも声援をいただき支えてくださっている方々、すべての皆様に「ありがとうございます」の言葉をお伝えしたい。また、この書籍を作る上で欠かせない大切な人で大学時代の後輩でもある大濱たえ子さん、構成作家の高橋ヒサシさん、株式会社ミライカナイの皆様にもこの場をお借りしてお礼申し上げます。

『闇を泳ぐ』。この言葉を悩み抜いた末に書籍のタイトルに決めた。そして今、振り返ってみて思う。僕が闇を泳ぎ続けることができたのは、この書籍に登場した人々、登場しなくても陰ながら支え続けてくれた人々……本当に数えきれないほどの多くの人々のおかげだと。

ありがとうございます。そしてこれからも、よろしくお願いします。

僕が進む道には、いつもみなさんが照らしてくれる光が道標になっています。

２０２１年8月　木村敬一

STAFF
企画・統括：津川 晋一
編集・進行・販売促進：松田 裕司
取材・構成：大濱 たえ子
取材・演出：高橋 ヒサシ
編集補：中村 翔、畠山 知春、高津 和正
デザイン：安居 大輔
撮影：為広 麻里
写真協力：清水 一二（P.8〜13）
特別協力：東京ガス株式会社

MiraiKana

闇を泳ぐ 全盲スイマー、自分を超えて世界に挑む。

2021年 8月24日　第1刷発行
2021年10月20日　第2刷発行

著　者　木村 敬一

発行者　津川 晋一

発　行　株式会社ミライカナイ
〒104-0052　東京都中央区勝どき1-1-1-A1302
URL：www.miraikanai.com
MAIL：info@miraikanai.com
TEL：050-3823-2956（代表）
FAX：050-3737-3375

印刷・製本　シナノ書籍印刷